Pierre Stutz

Weihnachten – unserer Sehnsucht folgen

HERDER spektrum
Band 5098

Das Buch:

Alle Jahre wieder, im Advent: Die Sehnsucht wird wiedergeboren – nach Geborgenheit, nach Sinn, nach einem neuen Anfang. Und alle Jahre wieder: Schoko und Marzipan, noch bevor es draußen kalt geworden ist – und am Ende Hektik um den Count down von Baum und Kerzen, Kleidern, Gottesdienstbesuch und Gans. – Weihnachten ist fest im Griff derer, die den äußeren Ablauf festlegen. Und für innen bleibt keine Zeit. Schließlich sind die Tage auch schnell vorbei, und alles muss für die Silvesterparty bereitet werden.

Doch die Sehnsucht bleibt; und das Wissen, dass es anders sein kann. Dass Weihnachten eine tiefe Bedeutung hat – dafür, wie ich mein Leben lebe. Dass das Licht, das da mitten im Winter angezündet wird, mehr erleuchten kann als nur das Wohnzimmer. Dass die Stille, die eintreten kann, wenn ich ruhig werde, mir gut tut. Dass die Menschen, mit denen ich zusammen feiere, nicht zufällig zusammen sind.

Pierre Stutz ermutigt dazu, der eigenen Sehnsucht zu folgen – und zeigt damit Wege auf, Weihnachten anders zu feiern. Dabei kann und muss nicht alles am 24.12. passieren: Die Weihnachtszeit beginnt im Advent und endet nicht vor dem 6. Januar, dem Tag der Heiligen Drei Könige. Wer rechtzeitig mit der Lektüre dieses Weihnachtsbuches beginnt, feiert Weihnachten anders. Nimmt sich im Advent Zeit für das, worauf es ankommt. Genießt den Augenblick, anstatt auf später zu warten. Entdeckt Übungen, die weiterhelfen. Liest Texte, die bedacht und meditiert werden wollen. Erlebt die besondere Qualität der „Tage zwischen den Jahren", in denen Altes abgeschlossen und Neues vorbereitet werden kann.

Stille und ausgelassene Freude, Alleinsein und gemeinsames Feiern, Zurückgezogenheit und Offenheit für Neues. Keine Rezepte sind in diesem Buch, aber ganz viele Möglichkeiten, Weihnachten zu erleben – sei es alleine, in der Familie oder in einer Gemeinschaft. Pierre Stutz erinnert an alte Traditionen und neue Modelle, an die Weisheit der Mystiker und an moderne Heilige und Unheilige, an das Licht der Sterne und die Nachricht der Engel. So kann Weihnachten werden: nicht gemacht, nicht inszeniert, sondern geschenkt.

Der Autor

Pierre Stutz, geboren 1953, ist Priester, spiritueller Begleiter, Autor und Dichter, Redaktionsmitglied der Zeitschrift „ferment"; früher Dozent für Jugendpastoral. Seit 1992 lebt er im offenen Kloster „Abbaye de Fontaine-André" bei Neuchâtel/Schweiz. Er hält Vorträge und leitet Kurse im In- und Ausland. www.pierrestutz.ch

Pierre Stutz

Weihnachten –
unserer Sehnsucht folgen

FREIBURG · BASEL · WIEN

Gedruckt auf umweltfreundlichem,
chlorfrei gebleichtem Papier

2. Auflage

Alle Rechte vorbehalten – Printed in Germany
© Verlag Herder Freiburg im Breisgau 2001
www.herder.de
Satz: Rudolf Kempf, Emmendingen
Herstellung: fgb · freiburger graphische betriebe 2001
www.fgb.de
Umschlaggestaltung und Konzeption:
R·M·E München / Roland Eschlbeck, Liana Tuchel
Umschlagbild: © Tony Stone
ISBN 3-451-05098-6

Für Schwester Esther Ganhör
und Ulrike Fässler,
aus Dankbarkeit für das Mitsein
in Fontaine-André.

Inhalt

Weggedanken 9

1. Adventswoche:
Meine Sehnsucht wahrnehmen 11

2. Adventswoche:
Unsere Sehnsucht entfalten 39

3. Adventswoche:
Meine Sehnsucht vertiefen 63

4. Adventswoche:
Unsere Sehnsucht feiern 80

Zwischen den Jahren:
Meine Sehnsucht wachhalten 107

Neujahrswoche:
Unsere Sehnsucht weitertragen 123

Weggedanken

Weihnachten lässt uns jedes Jahr wieder mit unserer Sehnsucht in Berührung kommen. Und der eigenen Sehnsucht zu folgen, das heißt für mich Mensch werden: mit Achtsamkeit wahrzunehmen, was ich zur Entfaltung brauche, um so meinen Platz in dieser Welt finden zu können. Mensch werden heißt auch lernen, die Widersprüchlichkeiten in und um uns anzunehmen. Gerade in unserer Sehnsucht begegnen wir einer Vielfalt von ambivalenten Gefühlen, die gestaltet werden möchten. Zu ihrer Gestaltung regt dieses Buch mit einer Fülle von Anregungen, Ritualen und Meditationen an. Es ermutigt dazu, vom ersten Adventssonntag bis zum Dreikönigstag einen Weg zu gehen, der uns im Hinblick auf die Begegnungen der Festtage selbstbewusster werden lässt. Denn die Kraft des Feierns wächst in Menschen, die versuchen, authentisch zu sein. Die Fülle der Impulse lädt darum auch zum wachsamen Auswählen ein – weniger ist mehr! In der Vielfalt liegt der Respekt vor der Einmaligkeit einer jeden, eines jeden von uns.

Ich danke all jenen, die speziell für jedes Kapitel des Buches eine Geschichte geschrieben haben. Anerkennung spreche ich auch Gabriele Hartlieb und Marcel Laux aus für ihre bestärkende Begleitung beim Entstehen dieses Wegbuches.

Möge es uns kraftvoll begleiten, während wir unserer Sehnsucht folgen. Darin ereignet sich das Geheimnis von Weihnachten: mehr Mensch werden zu können.

Neuchâtel, am Dreikönigstag 2001 Pierre Stutz

1. Adventswoche:
Meine Sehnsucht wahrnehmen

Feinfühlig werden
bei mir selber ankommen
wahrnehmen
was ist
was leben möchte
was verbindet
meiner Sehnsucht trauen

Hellhörig werden
bei mir zu Hause sein
horchen
auf die innere Herzensstimme
auf die subtilen Lebensschreie
meiner Sehnsucht begegnen

Achtsamkeit entfalten
Erwartungen nachgehen
adventlich werden
mich nicht abfinden
mit Ungerechtigkeit
mir und anderen gerecht werden
meiner Sehnsucht nachspüren

Achtsamkeit entfalten

„Alles beginnt mit der Sehnsucht", schreibt die jüdische Dichterin Nelly Sachs; und ich höre darin die Ermutigung, meiner Sehnsucht mehr Achtsamkeit zu schenken. Sie ist ein Anfang. Meine Sehnsucht ist – wie mein ganzes Leben – sehr vielfältig, faszinierend, widersprüchlich. Die Sehnsucht bringt mich in Verbindung mit meiner Vergangenheit, meiner Geschichte, und sie verweist mich auf die Zukunft. Im Rück-Blick auf Vergangenes und im Hin-Blick auf Zukünftiges kann ich entdecken, was mir jetzt wichtig ist, wonach ich mich in der Gegenwart sehne. Wenn ich die Vergangenheit idealisiere oder pauschal abwerte und wenn ich meine Wünsche in die Zukunft projiziere, dann schöpfe ich die Kraft der Gegenwart nicht wirklich aus.

Die Advents- und Weihnachtszeit bringt mich ganz in diese Grundspannung des Lebens hinein. In dieser vorweihnachtlichen Zeit bin ich, ob ich es will oder nicht, ganz verschiedenen Stimmungen und Sehnsüchten ausgesetzt. Es liegt an mir, ob ich sie verdränge und so gelebt werde, anstatt selbst zu leben – oder ob ich darin die Chance sehe, bewusster, entschiedener, achtsamer mit meinem Leben umzugehen. In der Achtsamkeit den verschiedenen Gefühlen gegenüber liegt der Schlüssel zu einem neuen Zugang zu mir selber, zu den anderen, zur ganzen Welt. Achtsamkeit bedeutet, alltäglich Sensibilität zu entfalten, um vermehrt in der Gegenwart zu leben. Dazu braucht es eine Kultur der Langsamkeit und des Schweigens, wie ich sie durch dieses Buch hindurch entfalten möchte. Es braucht den Mut, die eigene Sehnsucht in allen Gedanken und Gefühlsstimmungen wahrzunehmen. Denn wenn ich sie überspiele oder verdränge, ist die Gefahr sehr groß, dass von der Sehn-sucht ‚nur' noch die Sucht übrig bleibt. Der große Einkaufsrummel in der Vorweihnachtszeit lebt von dieser Tatsache – man verspricht uns Glück und Lebendigkeit, wenn wir noch mehr HABEN. Dabei kommt unser tiefer Wunsch nach dem SEIN – einfach dasein dürfen und können – mehr und mehr zu kurz. Paradoxerweise entfernen wir uns so weiter vom Inhalt von Weihnachten – der Zusage nämlich, anerkannt zu sein vor aller Leistung, sein zu dürfen so wie ich bin, mehr Mensch, mehr ich selber werden zu können. Im Wahrnehmen meiner Sehnsüchte lerne ich, dass der Weg das Ziel ist, um mich selber zu werden. Schritt für Schritt meiner Sehnsucht nachgehen, bedeutet die uralte Tradition des Advents mit meinen ganz konkreten Erfahrungen und mit den Fragen meiner Existenz in Verbindung zu bringen. Dabei bin ich zur Achtsamkeit aufgerufen, damit ich nicht all meine ungelebten Sehnsüchte auf das Weihnachtsfest ausrichten muss und so die Frustration durch die zu hohen Erwartungen schon vorprogrammiert ist.

In meiner Sehnsucht entdecke ich alltäglich, was ich zutiefst brauche im Leben.

In meiner Sehnsucht begegne ich meiner Lebendigkeit, meinem Eingebundensein.

In meiner Sehnsucht erlebe ich mein Begrenztsein und meine Widersprüchlichkeit.

In meiner Sehnsucht spüre ich, wie nah beieinander Lebensfreude und Lebensschmerz sind.

In meiner Sehnsucht erwacht der Traum einer Welt, die gerechter und zärtlicher wird.

In meiner Sehnsucht ertaste ich Gottes Spur in den Ereignissen meines Lebens.

In meiner Sehnsucht steckt der Widerstand, nicht weiterhin gelebt zu werden.

In meiner Sehnsucht schlummert die Kreativität, die Entfaltungsräume sucht.

In meiner Sehnsucht liegt der Beginn einer Wendezeit.

In meiner Sehnsucht . . .
In deiner Sehnsucht . . .
In unserer Sehnsucht . . .

Ein Mensch, der seine Sehnsucht wahrnimmt, ist für mich ein adventlicher Mensch. Denn die adventlich-prophetischen Texte der jüdisch-christlichen Tradition ermutigen zur Sehnsucht, zu Visionen, zu ver-rückten Bildern, zu utopischen Träumen. Sie bestärken uns darin, der verwandelnden Kraft der Sehnsucht zu trauen. Der

Prophet Jesaja ist einer dieser bewegten Sehnsuchtsmenschen. Er entfaltet innere Bilder, die uns aufwachen und aufhorchen lassen. Sie wollen unsere Grenzen sprengen, Gegensätze aufheben, damit Neues sich entwickeln kann:

„Der Wolf wohnt beim Lamm und der Panther lagert bei dem Böcklein. Kalb und Löwenjunge weiden gemeinsam, eine kleiner Junge kann sie hüten. Die Kuh wird sich der Bärin zugesellen und ihre Jungen liegen beieinander; der Löwe nährt sich wie das Rind von Stroh. Der Säugling spielt am Schlupfloch der Otter und in die Höhle der Natter streckt das entwöhnte Kind seine Hand." (11,6–8)

„Jauchzen sollen Wüste und Öde, frohlocken soll die Steppe und erblühen. Wie Krokus soll sie blühen und jubeln und jauchzend frohlocken . . . Dann öffnen sich die Augen der Blinden und tun sich die Ohren der Tauben auf. Dann springt der Lahme wie ein Hirsch, und die Zunge der Stummen jubelt." (35,1–2.5–6)

„Jedes Tal soll aufgefüllt werden; was krumm ist, soll gerade, was zerklüftet ist, zu einem Talgrund werden." (40,4)

Erstaunlich ist, dass diese Sehnsuchtsworte nicht in Friedenszeiten gesprochen wurden, sondern in eine Zeit der Resignation und der Verunsicherung hinein. In eine Zeit, in der rund um die Großmacht Assyrien um Selbstständigkeit gerungen wird.

Für mich liegt eine höchst aktuelle Kraft in diesen Texten; sie bestärken mich, meinen inneren Bildern mehr Gewicht zu geben, meinen Tag- und Nachtträumen mehr Aufmerksamkeit zu schenken. Die Kerzen, die wir in der Adventszeit vermehrt anzünden, weisen uns den Weg, diesen inneren Sehnsuchts-Bildern mehr Vertrauen zu schenken. Es wird konkret, wenn wir einüben, etwas Höchstschwieriges in unserem Leben zu wagen: einfach dazusein vor einer brennenden Kerze. Wirklich vor einer Kerze zu sitzen und lange in die Flamme hineinzuschauen, bringt mich in Verbindung mit meinen Lebenserwartungen. Weil ich dabei auch spüre, was zu kurz kommt in meinem Alltag, in meinen Beziehungen, kann ich durch dieses Sitzen und Dasein in Berührung kommen mit meiner Traurigkeit, meiner Wut. Wenn Tränen fließen dürfen und meine Wut eine Ausdrucksform findet, dann löst sich in mir etwas und ich spüre mich in meiner Lebenskraft, die mich zum Aufbruch bewegt. Dann erfahre ich authentische Advents- und Weihnachtszeit, nämlich eine Zeit, in der ein überhöhtes Harmoniebedürfnis durchbrochen wird und ich erst recht sein darf mit all meinen Gegensätzen. Dazu bestärken die prophetischen Hoffnungsbilder: Gegensätze in uns zu vereinen, damit wir aufatmen und lebendig bleiben.

So werden, wie ich von Anfang an gemeint bin

Adventszeit ist Erwartungszeit, nicht Vertröstungszeit. Sie will zum Aufbruch bewegen, zu mehr Menschlichkeit. Gottes Ankunft ereignet sich in jedem Menschen, der mehr er selbst wird, der seine Aufgabe auf dieser Welt deutlicher entdeckt und lebt. Da kommt Gott ihm und uns entgegen als innere Lebenskraft, die immer schon da ist! Doch ohne bewusste Achtsamkeit lebe ich an dieser hoffnungsstiftenden Wirklichkeit vorbei. Darum ist für mich ein adventlich-spiritueller Mensch – eine Frau, ein Mann, ein Jugendlicher, ein Kind –, der/die alltäglich wahrnimmt, was sie erlebt, was ihn beängstigt, was sie ermutigt, was ihn verunsichert, was ihre Hoffnung nährt, was ihn empört. Adventliche Menschen stiften einander an, den Alltagserfahrungen zu trauen, ohne sie zu bewerten oder zu beurteilen. Das ist ein anspruchsvolles Unterfangen, das wir nie „im Griff haben", sondern das jeden Tag neu im Werden ist. Es bedeutet, mit einem wohlwollenden Blick sich, den anderen, der Welt zu begegnen. Dieser Blick für das Wesentliche und für das Verbindende lebt aus dem Vertrauen, dass das Bild Gottes in uns allen wirkt und wohnt. Der holländische Mystiker Jan van Ruusbroec (1293–1381), dessen Gedenktag am 2. Dezember gefeiert wird, spricht von der sehr persönlichen und zugleich verbindenden Gegenwart Gottes in allem:

„Das Bild Gottes ist in allen Menschen
wesentlich und persönlich vorhanden.

Jeder besitzt es ganz,
vollständig und ungeteilt,
und alle zusammen,
besitzen doch nur ein Bild.
Auf diese Weise sind wir alle eins,
innig vereint in unserem ewigen Bilde,
welches das Bild Gottes
und der Quell
all unseres Lebens in uns ist." (1)

Darum kann jede und jeder, der seinen inneren Bildern traut und darin Gottes Bild erahnt, ein prophetischer Mensch werden.

Ein Mensch, der Visionen hat und aufzeigt, wie es anders sein kann.

Ein Mensch, der seiner Intuition traut und darin das Verbindende mit anderen sucht.

Ein Mensch, der seine Fähigkeiten entfaltet, um solidarischer zu werden.

Ein Mensch, der mit anderen zusammen Widerstand wagt, wenn Menschen ausgegrenzt werden.

Ein Mensch, der konstruktive Kritik einbringt, indem er von sich selber ausgeht.

Ein Mensch, der Entfaltungsräume für seine Seele schafft, damit in dieser Leere Gott ihn erfüllen kann.

Der Einsatz für Menschenrechte, gegen Fremdenfeindlichkeit und Ausbeutung, ist die notwendige Konkretisierung dieses mystischen Zuspruchs, der Gottes Bild in jedem Menschen entdecken lässt.

Sehnsuchts-Räume

Die Fülle der folgenden Anregungen können mich vom Wesentlichen abhalten. Mit den verschiedenen Anregungen möchte ich die Eigenverantwortung fördern. Das Fördern der Achtsamkeit steht über oder unter all den Impulsen. Jede und jeder ist aufgefordert, sich bewusst zu werden, was in ihm und ihr lebendiger werden möchte. Für die einen ist es die Stille, das Wagen der Einsamkeit, für andere die Ermutigung, die Isolation zu durchbrechen, auf andere zuzugehen!

 Adventsschmuck gestalten

Im Gestalten eines Adventskranzes, einer Adventswurzel, eines Gestecks, eines Türkranzes geben wir unserer Sehnsucht nach Ganzheitlichkeit einen konkreten Ausdruck. Die bestärkenden Worte, dass das Wesentliche schon da ist, lassen sich erfahren, wenn wir vor dem Advent im Wald auf die Suche gehen nach Moos, Wurzeln, Tannenästen. Alles ist schon da, bereit zum Auflesen. Gesammelt wird als Familie, alleine oder im Freundeskreis, und wir erfahren das Staunen über den Reichtum, der da ist, wenn wir mit den Augen der Achtsamkeit durch den Wald gehen.

Aus dem Gefundenen kann der Adventsschmuck mit Kerzen, Orangenschnitzen, Stoffbändern, gebastelten Sternen gestaltet werden. Einen Abend vor dem ersten Advent nehmen wir uns Zeit, um unseren eigenen Adventsschmuck zu gestalten. Apfel-/Orangen-Punsch für die Kinder, Glühwein, heiße Kastanien, Lebkuchen schaffen einen gemütlichen Rahmen des Zusammenseins.

 Langsamer werden

Die Adventszeit wird mir zu einer Zeit, in der ich Wichtiges wahrnehmen kann – wenn ich langsamer werde. Durch die Langsamkeit entfalte ich ein Menschsein, das sich nicht durch Schnelligkeit und Leistung definiert. Indem ich Langsamkeit fördere, schaffe ich meiner Sehnsucht nach ganzheitlicherem Menschsein mehr Raum. Urmenschliche Werte werden in der Langsamkeit sichtbar: sein dürfen, den eigenen Rhythmus finden, Wachsen lassen, Erfahrungen nachklingen lassen.

Eine meiner Alltagsbewegungen, mein Aufstehen, mein Gehen, mein Sitzen kann mir dabei Hilfe sein, um achtsamer meinen Tag zu gestalten:

Aufstehen
als adventliche Grundhaltung
stehen bleiben
meinen Standpunkt finden

Gehen
Schritt für Schritt
den Advent durchschreiten
bestärkt werden im Vertrauen
dass das Wesentliche schon da ist

Sitzen
ankommen
zur Ruhe kommen
zu Gast bei mir selber sein
damit meine Sehnsucht spürbarer wird

Langsamkeit verbindet mich mit der Schöpfung, die jetzt im Winter ihre ganze Kraft zurücknimmt. In diesem Nichtstun liegt höchste Aktivität. Ich achte den Tag hindurch auf meine Bewegungen und auf meinen Atem. Mein bewusstes Ein- und Ausatmen wird mich bestärken, der Kraft der Langsamkeit zu trauen.

Adventskalender miteinander gestalten

Vor der Adventszeit gestalten wir als Familie einen Adventskalender. Die einzelnen Adventstage werden untereinander aufgeteilt, damit alle – klein und groß – etwas zeichnen, basteln, schreiben können. Jeden Morgen können wir dann miteinander voll Spannung entdecken, wer wohl was geschrieben oder gezeichnet hat: Fiona, Rosina und Flurin geben uns folgende Anregung . . .

*Heute backen wir Guetzli.
Heute haben wir Schulfrei.
8.12.2000 von Flurin*

*Ich Gehe Heute Fast Zur
Jeder Wonung und Fer
teile Zum Beispil Nüsse
oder Lebkuchen
Von Rosina
7.12.2000*

Die erste Kerze entzünden

Am ersten Adventssonntag sitzen wir – als Familie, im Freundeskreis, in der Nachbarschaft, in der Kirche – zusammen und nehmen uns ganz bewusst Zeit, um die erste Kerze anzuzünden. Jemand nimmt eine Geschichte mit zum Vorlesen, jemand ein Musikstück, das wir miteinander hören, jemand ein Lied, das er gerne mit anderen singen möchte. In dieses Zusammentragen von verschiedenen Elementen halten wir auch eine Zeit der Stille miteinander.

Vor dem Entzünden der ersten Kerze ist jede und jeder aufgerufen, seine Sehnsucht wahrzunehmen, indem er oder sie an einen Menschen, an eine bestimmte Situation, an ein Land denkt, für den diese Kerze besonders leuchten soll. Nach dieser Stillezeit wird die erste Kerze entzündet. Zur Musik verweilen alle im Kerzenlicht, um wieder neu zu entdecken, wie eine einzige Kerze den ganzen Raum erhellen und verändern kann. Alle anderen Lichter werden dabei gelöscht, damit die eine Kerze die ganze Aufmerksamkeit hat:

Eine erste Kerze entzünden
Ausdruck der Sehnsucht
Lichtsein zu können für andere
im Entdecken des inneren Lichtes
das im Gesicht eines jeden Menschen
sichtbar wird

Im Kerzenlicht
fasziniert vom Brennen der Flamme
die eigene Sehnsucht wahrnehmen
erfahren wie das Feuer verbindet
mit dem inneren Feuer in jedem Menschen
mit den anderen Elementen
Luft, Wasser, Erde

Im Kerzenschein
adventliche Menschen werden
die in ihrer Sehnsucht
das göttliche Licht erahnen
das zum Aufbruch ermutigt
und uns erfahren lässt
angesehen zu sein vor allem Tun

 Zum 1. Dezember: Welt-Aids-Tag

Adventliche Menschen nehmen ihre Sehnsucht wahr, Teil eines Ganzen zu sein. Die Vereinsamung und Ausgrenzung behindert uns im Urwunsch nach Verwurzelung. Der Welt-Aids-Tag ist eine konkrete Möglichkeit, um unsere gemeinsame Verwurzelung in Solidarität mit Aids-Kranken auszudrücken. In Grenzsituationen sind wir besonders auf Verbündete angewiesen. Der Prophet Jesaja schenkt uns dazu ein Hoffnungsbild:

„Aus Isais Stumpf aber sprosst ein Reis, und ein Schössling bricht hervor aus seinem Wurzelstock." (11,1)

In den durch-kreuzten Plänen einer großen Krankheit, wenn Menschen sich wie abgeschnitten vorkommen, können wir einander in aller Hoffnungslosigkeit nicht allein lassen. Wir können dazu beitragen, die Angst zu verwandeln: im Entdecken der gemeinsamen Wurzeln, die uns mit allen Menschen verbinden. Diese Wurzeln sind immer da; und in Solidaritäts-Aktionen zu Hause, auf der Straße, beim Miteinander-Teilen erhält die Hoffnung einen Spross, einen Schössling.

An die Adventswurzel mit den vier Kerzen legen wir am Welt-Aids-Tag ein oder mehrere Photos von aidskranken Menschen und/oder von verstorbenen Aidspatienten. Nebst dieser persönlichen Ebene vergessen wir die weltweite Dimension nicht, indem stellvertretend für die vielen Aidskranken auf der Welt ein Bild aus einer Klinik in Afrika zur Adventswurzel gelegt wird:

Sprachlos sind wir
mitleidend angesichts der Aids-Krankheit

Hoffnungslos sind wir
mitschreiend angesichts der Ohnmacht

Tastend nach Sinn sind wir
erfüllt mit Trauer und Wut

Behutsam halten wir einander die Hand
spüren in der Zärtlichkeit den Hoffnungsspross
der DICH erahnen lässt
als solidarisch-mitleidendes Licht
in jedem Menschen

Zum 4. Dezember: Barbara-Zweig

Am 4. Dezember ist Barbaratag. Nach einem alten Brauch werden an diesem Tag Zweige von Forsythien oder Kirschen gepflückt. Damit sie an Weihnachten blühen, legt man sie zuerst über Nacht in lauwarmes Wasser. Am nächsten Tag schneidet man die Stiele ein, damit eine möglichst große Schnittfläche entsteht. Die Zweige kommen in eine Vase mit täglich frischem Wasser. Bei trockener Luft empfiehlt es sich, die Zweige leicht mit Wasser zu besprühen.

Der Barbarazweig kann zum Sehnsuchtszweig werden. Er steht für eine Sehnsucht, die wahrgenommen und genährt wird, indem sie jeden Tag frisches Wasser erhält:
Was ist meine Sehnsucht?
Wie pflege ich sie?
Wie verschaffe ich ihr Raum zum Blühen?

Der Barbarazweig ist ein adventlicher Zweig, weil er mich in Verbindung bringt mit meinen Erwartungen an das Leben, mit der Sehnsucht nach Verwandlung. Ich kann und muss etwas dafür tun, dass die Blüten aufbrechen – und dennoch bleibt das Blühen ein Geschenk. Das Vertrauen darauf lässt mich die beharrliche Geduld einüben, die es braucht im Leben, wenn Neues geboren wird:

Meinen Sehnsuchtszweig
in die Mitte stellen
ihn hegen und pflegen
als Ausdruck meiner Bereitschaft
Neues wachsen und blühen zu lassen

Unser Sehnsuchtszweig
der uns als Familie,
als Gemeinschaft bestärkt
der Verwandlung zu trauen
in wohlwollender Konfliktfähigkeit

Meinen Sehnsuchtszweig
mit großer Achtsamkeit
jeden Tag anschauen
darin die Kraft des aktiven Wartens erkennen
die zur Hoffnung und zum Engagement bewegt

Unser Sehnsuchtszweig
Symbol der tiefen Verbundenheit
mit der Schöpfung
damit wir zu einem gesunden Rhythmus
im Leben finden

Frühmorgens: Roratefeiern in der Kirche besuchen

In der katholischen Tradition hat ein alter Brauch wieder an Beliebtheit gewonnen: Frühmorgens vor der Arbeit oder Schule um sechs Uhr in die dunkle Kirche gehen und spüren, dass auch andere Menschen, klein und groß, im Advent unterwegs sind. Das Wort *rorate* stammt aus dem Adventslied „*Rorate coeli . . . – Tauet, Himmel, den Gerechten!*" Ich bringe diesen Liedruf in Verbindung mit der großen Sehnsucht, dass uns mitten in unserem Alltag, in unseren beruflichen Herausforderungen, in unseren Beziehungen ein Stück Himmel aufgetan wird. „Tauet, Himmel": für mich heißt das, dass ich aufgerufen bin, mit der Wirklichkeit zu rechnen, dass sich auch mir immer wieder ein Stück Himmel öffnet. Dazu brauchen wir einander. Das Zusammentreffen frühmorgens erzählt von der Sehnsucht, die Menschen durch die Kälte und das Dunkel zum Licht führt. Nach dieser Lichtfeier treffen sich alle im Gemeindehaus oder Pfarreizentrum zu einem gemeinsamen Frühstück, um auch so das Zusammensein bei Essen und Trinken genießen zu können.

 Zum 6. Dezember: St. Nikolaustag

Wenn wir unsere Sehn-sucht nicht ernst nehmen, ist die Gefahr da, in der Sucht stecken zu bleiben. Wir leben in einer süchtigen Gesellschaft, in der immer neue Bedürfnisse geweckt werden, die nicht unbedingt mit den tiefen Bedürfnissen nach mehr Menschwerdung übereinstimmen. Wir selbst und unsere Kinder können lernen: Im Teilen zeigt sich jenes Licht, das immer wieder neu in und um uns scheinen möchte. Adventliche Menschen sind teilende Mitmenschen:

Menschen, die ihre Wünsche und Ängste mitteilen.

Menschen, die ihre Macht teilen und andere ermächtigen, sich einzubringen.

Menschen, die einen Teil ihres Einkommens teilen mit Menschen in Not.

Der St. Nikolaustag eignet sich gut, um als Alleinstehende oder als Familie die Kraft des Teilens zu erfahren, indem wir eine Patenschaft übernehmen für ein Kind. Mit DM 50.00 pro Monat können wir einem hungernden Kind Essen schenken, einem Jugendlichen eine Ausbildung ermöglichen oder einem kranken Kind einen Spitalaufenthalt. Verschiedene Organisationen (Terre des Homme, Caritas und viele andere) helfen uns, in Beziehung zu treten mit einem leidenden Kind.

So wird der St. Nikolaustag nebst der Freude über die Erdnüsse, Mandarinen, Lebkuchen auch zur tiefen Erfahrung, dass unsere Sehnsucht Herz, Hände und Füße erhält.

Am St. Nikolaustag
die Kraft des Teilens erfahren
die Angst überwinden zu kurz zu kommen
einander bestärken im Vertrauen
als teilende Menschen glücklicher zu werden

Am St. Nikolaustag
Gottes lachenden Segen erfahren
im Genießen der Nüsse und Süßigkeiten
im Aussprechen von Anerkennung
einander ermutigen in der Zuversicht
als teilende Menschen sinnerfüllter zu werden

Am St. Nikolaustag
die heilende Kraft in sich spüren
Hand anlegen für eine kinderfreundlichere Welt
im Widerstand für ein gerechteres Zusammensein
einander anstiften in der Hoffnung
als teilende Menschen lebensfroher zu werden

Die folgende Geschichte lädt mich ein, meine inneren Sehnsuchtsbilder deutlicher wahrzunehmen. Dazu lese ich sie mir selbst laut vor. Danach lasse ich mir Zeit, um zu spüren, was sie in mir auslöst.

Ausbrechen – Durchbrechen – Aufbrechen
Mit voller Wucht schlägt die schwere, eiserne Tür hinter ihm zu und ein Strom der ihn tagsüber betörenden und nahezu erstickenden Luft treibt ihn hinaus in die eisige Dezembernacht. Ein mächtiger Fluss dahineilender Gestalten erfasst ihn sogleich und reißt ihn mit durch die wie Tunnel anmutenden Lauben der Stadt. In seine Ohren dringt das Getrampel unzähliger Füße – fern und ihn dennoch einlullend – wie Schläge aufeinander prallender Flusssteine, die das Gurgeln der wilden Flut übertönen. Vor seinen Augen durchmischen sich dunkle Wellenlinien, aus dem Nichts kommend, seitlich dahinflitzend und in der Mitte vor ihm ineinander verschmelzend. Seine Nase erstarrt in der Kälte zu Stein. Er weiß nicht, was mit ihm geschieht, doch wehrt er sich schon lange nicht mehr gegen das Dahintreiben. Er hat sich daran gewöhnt und es scheint ihm irgendwie auch angenehm, sich in diesen reißenden Strömen aufzulösen.

Doch da zupft ihn ein sonderbarer Klang wie aus einem andern Land, der sich vom Gurgeln, Getrampel und Gemurmel rund um ihn unterscheidet, sich gleichsam einer feinen Melodie über die auf dem Orgelpunkt verharrenden Bässe schwingt. Er horcht und glaubt im Klang eine ihm vertraute Stimme erkannt zu haben. Der Klang hallt in ihm wider und nimmt die kristalline Form seines Namens an: „Rafik". Für einen kurzen Moment gedenkt er anzuhalten und der Strömung zu trotzen, die Menschenmasse aber spült ihn fort, stößt ihn hin und her, bis sie ihn vor ein großes, hölzernes Tor schwemmt.

Unwillkürlich drückt er gegen das schwere Holz, das sich knarrend öffnet, und tritt in den ihm unbekannten Raum. Im Eingang bleibt er stehen. Warme Luft steigt durch ein Eisengitter auf, streicht über seine Beine und wärmt mühsam seinen Körper. Vor ihm öffnet sich ein kleiner in die Höhe steigender Raum, der an eine Kappelle erinnert. Pfeiler, Gemäuer und Gewölbe sind aus dunklem, bräunlichem Gestein. In der Mitte drei leere Bänke aus edlem Holz und davor eine große Kerze, deren kleine Flamme die Mauern ganz alleine mit ihrem fahlen Licht streichelt. Neben der Kerze liegt auf einem kleinen Schemel ein mit Leder umfasstes und siebenfach versiegeltes Buch. Es ist geschlossen.

Zögernden Schrittes nähert sich Rafik der vordersten Bank und setzt sich vorsichtig darauf. Sein Blick gleitet unsicher über die im Kerzenschein weich anmutende Steinmauer, über das dunkle, versiegelte Buch und dringt schlussendlich in das Licht der Kerze. Das goldene Flackern wird größer, wird heller und greller; Rafik erkennt darin das Antlitz der arabischen Sonne, die auf die gelbe, mit roten Felsen durchzogene Wüste strahlt und sie erhitzt. Rafik spürt ihre Wärme auf seiner Haut und riecht den trockenen Sand. Er hat Durst. Die Wüste dehnt sich vor ihm aus und über sie wölbt sich der unendliche blaue Himmel. Weit weg auf der Kuppe einer Sanddüne erblickt er die Silhouette eines Löwen und in dessen unmittelbarer Nähe die eines Hirsches. Bei seinem Anblick verschwinden beide vom gewölbten Horizont. Der Durst und die Neugier treiben Rafik an. Mühsam erklimmt er die Düne. Auf der Höhe angelangt, öffnet sich vor ihm eine weite Ebene, durch die sich ein grau schimmernder Fluss schlängelt, ohne von fruchtbarem Grün umsäumt zu sein. Rafik schleppt sich bis zum Wasser, und als er daraus schöpfen will, um seine brennende Kehle zu kühlen, bemerkt er erschrocken einen einsamen Mönch mit langem, schütterem Haar, der neben ihm auf einem großen Granitstein sitzt – und weint. Seine Hände klagend gegen die Sonne erhebend, lenkt er Rafiks Blick in den Himmel in das strahlende Sonnenlicht, das sich allmählich in das dünne Flackern der Kerze verwandelt.

Rafik stützt seinen Kopf auf die Banklehne. Seine weit geöffneten Augen gegen das dunkle Gewölbe gerichtet, dringt Leere in ihn ein. Arme und Beine liegen schwer auf dem Holz der Bank und auf dem Steinboden. Müdigkeit breitet sich in seinem ganzen Körper aus. Sein Atem verlangsamt sich. Rafik bleibt lange reglos auf der Bank sitzen, bis er kaum hörbar flüstert: „Ich erinnere mich", und sich die Tränen abwischt. Die Stille und das warme Licht des geheimnisvollen

Raumes in seinem Herzen steht er auf und geht durch das Tor in die Stadt hinaus, sich seinen Weg durch die Massen bahnend, wie wenn er in den Fluten jenes fernen Flusses schwimmen würde.

Philippe Häni

Zum Innehalten

Adventlich leben
Schritte der Achtsamkeit wagen
nicht gelebt werden
meine Sehnsucht ernst nehmen
mehr aus meiner Mitte heraus leben

Adventlich leben
mir und anderen Verwandlung zugestehen
nicht außer mir sein
meine Sehnsucht spüren
mehr aus meiner göttlichen Quelle mich nähren

Adventlich leben
mir und meiner Situation gerecht werden
mich mit Ungerechtigkeiten auf der Welt nicht abfinden
meine Sehnsucht erleben
aus meinem inneren Feuer heraus aktiv sein

Adventlich leben
Schritte der Wachsamkeit wagen
nicht nur reagieren
meine Sehnsucht erfahren
agieren aus meiner Tiefe heraus
im Einklang mit mir selber sein
dadurch versöhnend wirken weltweit

* * *

Manchmal im Leben an das Unmögliche glauben
Gegensätze in mir vereinen
das Lamm und den Panther in mir zusammenführen

Manchmal im Leben Ver-rücktes wagen
Idealbilder von mir und anderen ver-rücken
sie im göttlichen Licht sehen

Manchmal im Leben meinen Blick weiten lassen
meine Alltagssorgen in einem größeren Ganzen sehen
darin dem Advent Gottes in meinem Leben trauen

* * *

Adventliche Beleuchtung überall
uns nicht blenden lassen
sondern darin die tiefe Sehnsucht
nach Licht entdecken

Adventliche Lichter überall
uns nicht beirren lassen
den Blick für das Wesentliche schärfen:
Das göttliche Licht in jedem Menschen

Adventliche Strassen überall
uns nicht aufhalten lassen
den Weg nach Innen zu wagen
Dunkles in mir erhellen lassen

* * *

Im Fluss des Lebens sein
aufweichen lassen
was verhärtet ist
fließen lassen
was blockiert ist
den Advent Gottes in meinem Leben erneuern

Den Baum des Lebens entdecken
als das Verbindende zwischen
den Religionen
erfahrbar im Sorgetragen
für die heilenden Kräften der Schöpfung
den Advent Gottes in unserem Engagement erkennen

Dem Licht des Lebens trauen
ihm begegnen
in der hoffnungsstiftenden Ausstrahlung von Menschen
die sich bewegen lassen
vom Advent Gottes in ihrer Solidarität

Nach Apokalypse 22,1–5

Hinaufsteigen
auf den Hoffnungsberg
lähmende Gewohnheiten verlassen
über mich hinauswachsen
Distanz suchen
mir einen weiten Blick schenken lassen
mich setzen
Kontakt mit Mutter Erde aufnehmen
Erfahrungen setzen lassen
darin die heilende Kraft spüren
die über mich hinaus weist
die Gottes Dasein
in meinem Mitsein erahnen lässt

Nach Matthäus 15,29–37

2. Adventswoche:
Unsere Sehnsucht entfalten

Nicht mehr länger
hinter meinen Entfaltungsmöglichkeiten bleiben
in meiner Sehnsucht
meine Lebensaufgabe entdecken

Nicht mehr länger
alleine unterwegs sein
Verbündete suchen
die miteinander ergründen
wofür es sich lohnt zu leben

Nicht mehr länger
die Resignation nähren
sondern Hoffnungslieder anstimmen
die von der Globalisierung der Solidarität erzählen

Nicht mehr länger
sich lähmen lassen
von der Ohnmacht
miteinander unsere Sehnsucht entfalten
im Hier und Jetzt

Unser Dunkel erhellen lassen

„Die entscheidende Frage im Leben heißt: Gibt es ein Leben vor dem Tod?" – Dieser Gedanke, von Jugendlichen an eine Betonwand gesprayt, hilft mir dabei, einen konkreten und glaubwürdigen Adventsweg zu begehen. Denn meine Sehnsucht, die ich oft als unbestimmtes, diffuses Gefühl wahrnehme, sucht Entfaltungsmöglichkeiten. Alleine bleibt es für mich schwierig, meiner Sehnsucht auf den Grund zu gehen. Ich brauche andere Menschen, die mir dabei helfen. Darum habe ich für die Überschriften der Kapitel unterschieden zwischen Einzahl und Mehrzahl, zwischen „meiner" und „unserer" Sehnsucht. Beides ist wichtig: bei mir persönlich anzusetzen, nicht zu sehr außen zu suchen, was in mir selbst klarer werden muss – und zugleich wissen, dass ich alleine nie ich selber werden kann. Im Umgang mit meiner Sehnsucht wird dies sehr deutlich. Unzufriedenheit und Hoffnung, Neid und Vertrauen, Jammern und Veränderungswille, Ohnmacht und Aufbruchsstimmung können meine Sehnsucht nähren. In der Auseinandersetzung mit andern liegt die Chance, mir dieser Ambivalenz bewusster zu werden. Adventliche Sehnsucht ist keine billige Vertröstung, sondern Anstachelung, mehr aus unserem Leben zu machen. Weihnachtliche Sehnsucht entlarvt das lebensbehindernde Kompensieren im Suchtverhalten und mutet uns Menschen zu, miteinander selbst hoffnungslose Zeiten verändern zu können.

Die zunehmende Dunkelheit während der Adventszeit und die vielen oft künstlichen Lichter überall können uns schmerzhaft Lebensthemen bewusst werden lassen, die schon seit längerer Zeit anstehen, die erhellt werden möchten. Diese Sehnsucht schreit in uns! Sie will nicht vertröstet werden mit billigen Antworten. Sie will nicht verdrängt werden im Konsumrausch, sondern sie will angenommen und verwandelt werden. Darum lernen adventliche Menschen, miteinander das Schwierige im Leben, die brennenden Fragen, die ungelösten Konflikte auszuhalten, um sie noch klarer benennen zu können. Denn im gemeinsamen Aushalten der Dunkelheit entsteht eine Kraft, die wie ein Hoffnungslicht dunkle, auswegslose Situationen erhellt und verwandelt.

Diese Hoffnungskraft lässt sich außer in inneren Bildern auch in den prophetischen Texten der Bibel entdecken. Da wird tiefer Trost ausgesprochen; in der ersten Arie des Oratoriums „Der Messias" von Georg Friedrich Händel können wir einen Text des Propheten Jesaja ganz eindrücklich hören: „Tröstet, tröstet mein Volk, spricht euer Gott. Redet Jerusalem zu Herzen und ruft ihm zu, dass die Knechtschaft beendet ist." (Jesaja 40,1–2). Dieser Trost, der damals in die Exilszeit, in die Deportation hineingesprochen wurde, meint kein fatalistisches Aushalten, ist keine billige Vertröstung. Der Trost, die tiefe Sehnsucht nach der Rückkehr in die Heimat konkretisiert sich in der Stärkung der Solidarität und der Ermutigung, miteinander anzupacken:

„Stärket die erschlafften Hände,
festigt die wankenden Knie.

*Sagt den verzagten Herzen:
Mut! Fürchtet euch nicht!"*

(Jesaja 35,3)

Mit erschlafften, gebundenen Händen werden über unsere Köpfe hinweg in Wirtschaft, Kirche und Politik Entscheidungen getroffen, die unsere Zukunftsangst und unsere Ohnmacht verstärken. Sie zu überwinden, ist das Ziel eines adventlichen Weges. Dazu sind wir zutiefst aufeinander angewiesen: Wir können einander die Hände reichen und die wankenden Knie festigen, indem wir miteinander mit festen, bestimmten Schritten einen Weg zu mehr Gerechtigkeit wagen. Prophetinnen und Propheten wagen konstruktive Kritik, indem sie den Mut haben, Unrecht beim Namen zu nennen und zugleich Perspektiven aufzeigen, wie verdunkelte Strukturen erhellt werden können. Wohltuend ist für mich dabei, dass solche Menschen in ihrem Einsatz für Menschenrechte auch falsche Frömmigkeit und religiöse Macht hinterfragen und entlarven. Diese prophetische Spur finden wir auch in der Lebensschule Jesu. In einem „Adventstext" sagt Jesus:

„Nicht jeder, der zu mir sagt: ‚Herr, Herr', wird in das Himmelreich eingehen, sondern wer den Willen meines Vaters tut, der im Himmel ist." (Matthäus 7,21)

Nicht die frommen Sprüche erhellen das Dunkel der Krankheit, der Erwerbslosigkeit, des sexuellen Missbrauchs, der Fremdenfeindlichkeit, des Mobbings, der

Kinderprostitution, der Klimaerwärmung, sondern die Frauen und Männer guten Willens auf der ganzen Welt, die ihre Sehnsucht wahrnehmen und entfalten. Die besinnlichen Adventsgänge, an denen Menschen mit Hoffnungslichtern unterwegs sind, geben dem Willen Gottes Herzen, Hände und Füße. Denn Gottes Wille ist der gemeinschaftliche Mensch, der Befreiung fördert.

Dem Morgen entgegen

In dunk-ler Nacht woll'n wir zie-hen, le-ben-di-ges Was-ser fin-den. Nur un-ser Durst wird uns leuch-ten, nur un-ser Durst wird uns leuch-ten.

Dieser Liedtext eines meiner Lieblingslieder aus Taizé stammt vom spanischen Mystiker Johannes von Kreuz (1542–1591), dessen Gedenktag die Kirche am 14. Dezember feiert. Als Gefährte der Mystikerin Teresa von Avila hat er sich für Reformen eingesetzt, was ihm große Schwierigkeiten seitens seiner reformunwilligen Mitbrüder einbrachte. 1577 nehmen sie ihn gefangen und verschleppen ihn nach Toledo, wo er unter unmenschlichsten Bedingungen neun Monate im Klostergefängnis eingesperrt ist. Während dieser Zeit entstehen seine schönsten Gedichte, wie „Die dunkle Nacht". Juan hält diese dunkle Zeit aus und entfaltet eine Mystik der „dunklen Nacht der Seele", doch er ergibt sich nicht seinem Schicksal und wagt eine abenteuerliche Flucht . . .

Ich bin Juan de la Cruz in einer persönlichen Krisenzeit vor neun Jahren begegnet. In einer monatelangen Schlaflosigkeit, die mich an die Grenzen meiner physischen, psychischen und spirituellen Kräfte brachte, war für mich seine tiefe Lebenserfahrung, dass „der Durst unser einziges Licht" sein kann, eine Ermutigung, meiner Sehnsucht nach Verwandlung mehr zu trauen. Wenn auch die Angst vor dem Neuen und Unbekannten sehr groß war, erkannte ich durch ihn in meiner Sehnsucht den Durst, mein Leben mehr aus innerer Freiheit gestalten zu können. Weniger abhängig zu sein von den Ansichten und Ansprüchen der anderen. Diese Angst und diese Sehnsucht nicht für mich zu behalten, sondern sie mit anderen zu entfalten, ließ 1994 unser „offenes Kloster" entstehen, das bis heute Menschen, jung und alt, Frauen und Männer, bestärkt, miteinander einem neuen Morgen entgegen zu gehen.

Johannes vom Kreuz ist für mich ein zutiefst adventlicher Mensch. Er nimmt die Dunkelheit ernst, drückt sein Leiden aus und sucht nach dem Sinn der Dunkelheit, denn sie gehört zu unserem Leben. Erhellt wird sie, wenn wir einander in den dunklen Stunden des Lebens, in der Trauer und in der Empörung, nicht allein lassen. Auf dem inneren Weg der ganzheitlicheren Menschwerdung hat mich das Gottesbild von Johannes vom Kreuz sehr berührt. Er schreibt: „Vor allem muss man wissen: wenn die Seele Gott sucht – viel dringlicher sucht Gott die Seele." (2) – Das ist eine Befreiung aus der Leistungsfrömmigkeit! Der Advent Gottes, das Entgegenkommen Gottes ist da vor all unserem Tun. Unser Durst, unsere Sehnsucht genügt! Aus diesem Vertrauen können wir miteinander nach Entfaltungsmöglichkeiten suchen; wohl wissend, dass das Wesentliche nie unser Verdienst sein wird, dass es Geschenk, Gnade ist.

Eine solche Vor-Gabe setzt Energien frei und entfaltet unsere Kreativität, weil wir uns nicht beweisen müssen; weil wir spüren, vor allem Tun anerkannt zu sein.

Sehnsuchts-Räume

Hinter der Vielfalt der folgenden Impulse steht der tiefe Respekt vor der Einmaligkeit jeder Person und der jeweiligen Situation. Achtsamkeit entfalte ich konkret, indem ich Prioritäten setze: Weniger ist mehr!

 Einfach dasein dürfen

Der Wert unserer menschlichen Existenz entspringt aus unserem Sein. Im Daseindürfen liegt auch unsere tiefste Sehnsucht – sie erhält eine konkrete Entfaltungsmöglichkeit, wenn wir nichts tun. Im Nichtstun liegt höchste Aktivität. Darum reden mystische Menschen von der Leere auch als der Grundbedingung, um Erneuerung zu erfahren. Die zunehmende Dunkelheit im Advent bestärkt uns, weniger zu tun, langsamer zu werden, um die erneuernde Kraft des Advents wirklich zu erfahren. Dabei sollen wir nicht überrascht sein, wenn uns zuerst die Unruhe begegnet oder eine diffuse Angst vor diesem Dasein. Es lohnt sich, sie auszuhalten, dranzubleiben. Jeden Tag eine viertel oder halbe Stunde im Kerzenlicht da sein:

Einfach da sein
ist so schwierig geworden

Einfach da sein
bringt mich mit meiner Unruhe in Verbindung

Einfach da sein
lässt mich mich annehmen wie ich bin

Einfach da sein
meine dunklen Seiten erhellen lassen

Einfach da sein
mit anderen die Kraft des Schweigens erfahren

Einfach da sein
und den Namen Gottes mit Leib und Seele erfahren:
Ich bin da

Zum 8. Dezember: Fest von Maria Erwählung

Maria blieb nicht alleine mit ihrer Sehnsucht. Sie machte sich auf den Weg durch das Gebirge, um ihre Sehnsucht mit Elisabeth zu teilen. Als Frau, die unter schwierigen Umständen schwanger ist und in einer schwierigen Zeit des Umbruchs lebt, sucht sie sich jemanden, mit dem sie ihre Fragen teilen kann. Sie begegnet einer älteren Freundin, die in einer ähnlichen Situation ist. Ihr Sehnsuchtslied, das Magnifikat, erzählt von der Kraft, die Solidaritätsbegegnungen erwecken können. Maria geht gestärkt aus dieser Begegnung hervor und stärkt mit ihrem Lied andere, ihre Sehnsucht zu entfalten.

Maria steht mit beiden Füßen auf dem Boden
sie traut ihrer Stimme
singt voller Lebenskraft ihr Lied

Maria bleibt nicht alleine mit ihrer Sehnsucht
sie begegnet Elisabeth
um verbindende Fragen auszuhalten und zu gestalten

Maria nimmt ihren Standpunkt voll und ganz ein
keine billigen Kompromisse
sondern ein Plädoyer für echte Menschlichkeit

Maria atmet tief durch
damit Freundin Geist durch sie atmen kann
als Ermutigung auch Missstände zu benennen

Maria hält ihre Sehnsucht nicht zurück
sie ist ganz bei sich und erzählt
vom unerwarteten Entgegenkommen Gottes

Maria spürt die Ermächtigung
einseitige Macht zu hinterfragen
um die Armen an ihre einmalige Würde zu erinnern

Maria durchbricht die Tagesordnung
ermutigt zum Aufstand für das Leben
weil sie der Macht der Ohnmächtigen traut

Maria schöpft aus ihrer inneren Quelle
um daraus Widerstand zu wagen
für eine Welt
die allen Menschen Brot und Rosen ermöglicht

Maria nährt ihre Erinnerung
an den Sehnsuchtsaufbruch von Sara und Abraham
und Mirjam und Mose
und sie spürt ihre Lebenskraft

Maria singt ihr Lied
von einem zärtlichen Gott
der nicht aufgibt mit uns zu träumen
vom menschenwürdigen Miteinander
in allen Kontinenten

Friedenslicht aus Bethlehem

Im Jahr 1986 starteten Menschen in Oberösterreich die Aktion „Friedenslicht". Ein Kind entzündet vor Weihnachten in der Geburtsgrotte von Bethlehem ein Licht, das in einer speziellen Laterne im Flugzeug nach Linz gebracht wird. Von dort aus wird das Licht an andere europäische Länder weitergegeben.

Im Jahr 2000 wurde das Friedenslicht von Fuhad Samir aus Bethlehem in der Geburtsgrotte entzündet und an die 9-jährigen jüdischen Zwillingsschwestern Ronni und Tali übergeben. Die beiden brachten das Friedenslicht auf den Flughafen Tel Aviv, wo es dem 12-jährigen Benjamin Forsstinger aus Österreich übergeben wurde. Von Linz aus geht es in verschiedene Städte.

Einzelpersonen und Pfarreien holen das Licht ab und tragen es dorthin, wo „Licht ins Dunkle" Freude und Vertrauen verstärkt. In den Kirchenzeitungen der verschiedenen Länder wird zum Beginn von Advent auf dieses Licht hingewiesen und wo, wann und wie es abgeholt und weitergetragen werden kann.

 Unterwegs in der Nacht

In uns wächst die Sehnsucht, zu uns selber zu kommen, still zu werden.
Das Unterwegssein mit einer Fackel kann Kindern, Jugendlichen eine Hilfe sein, um die lebensspendende Kraft der Stille zu erfahren. Als Familie, als Arbeitsteam, als Gemeinde nachts unterwegs zu sein, stärkt das Vertrauen in die gegenseitige Stärkung.

Im Unterwegssein im Wald kann aufgefordert werden, dass jede und jeder ein Stück Holz, das herumliegt, aufhebt und mitträgt – das kann uns in Verbindung bringen mit unserer Sehnsucht. Danach, am Ende, kann daraus ein Feuer entstehen – auch als Ausdruck dafür, nicht bei der Sehnsucht stehen zu bleiben, sie vielmehr mitzuteilen, damit daraus Wärme entsteht.

Unterwegs in der Nacht
still werden
auch wenn es anfangs schwerfällt

Unterwegs in der Nacht
einer Fackel folgen
Ausdruck unserer Sehnsucht
die uns alle bewohnt

Unterwegs in der Nacht
dem Advent Gottes in der Schöpfung begegnen
himmelwärts staunend die Sterne betrachten
die von der Verbundenheit mit allem erzählen

Unterwegs in der Nacht
um ein Feuer versammelt sein
das jedes Gesicht erhellt

Unterwegs in der Nacht
Schritt für Schritt gehen
alleine und doch miteinander

Unterwegs in der Nacht
der Dunkelheit trauen
mit meinen dunklen Seiten sein dürfen

Unterwegs in der Nacht
einander zu spüren geben:
Ich bin auch da

 Kerzenziehen

Innere Vorbereitung auf Weihnachten geschieht im meditativen Kerzenziehen. Dazu braucht es das aktive Warten, die beharrliche Geduld. An vielen Orten gibt es Möglichkeiten, mit andern zusammen Kerzen zu ziehen. Beim Ziehen kann ich schon in Verbindung sein mit der Person, dem/der ich diese Kerze schenken möchte. Beim Eintauchen in den Wachs lasse ich gute Wünsche und Gedanken mit einfließen.

Dieser Brauch lädt das Jahr hindurch zur ökologischen Achtsamkeit, indem Kerzenreste gesammelt werden, die zur Adventszeit abgegeben werden können.

 Zum 10. Dezember: Menschenrechtstag

Amnesty International ruft jedes Jahr auf, eine Menschenrechtskerze zu kaufen, um sie am Abend ans Fenster zu stellen. Damit unterstützen wir nicht nur finanziell eine glaubwürdige und lebensnotwendige Institution, sondern wir unterstützen auch unsere tiefe Sehnsucht nach gemeinsamem Engagement. Das Entzünden der Kerze wirkt noch kraftvoller, wenn wir auch vorgedruckte Briefe an Regierungen auf der ganzen Welt senden, um die Freilassung von „politischen" Gefangenen einzufordern und Folterungen zu stoppen.

Gott ist der erste Menschenrechtler. In unserer jüdisch-christlichen Tradition begegnen wir einem Gott, der sich einmischt und Partei ergreift für die Kleinen, Entrechteten, Missbrauchten. Darum sind spirituelle Menschen Frauen und Männer mit Rückgrat, die ihre Sehnsucht im vielfältigen Einsatz für die Menschenrechte entfalten.

Im Sommer eine Herberge finden

Was stieg da alles in ihr hoch? Eifersucht, Wut, grenzenlose Enttäuschung, ja sogar etwas wie Hass. Doch darüber und darunter und dazwischen der Schmerz, die Tränen, das Elend bis in die Fingerspitzen. Mirja hatte sich so gefreut auf diese Tage im Süden. Alle die Freunde waren dabei, mit denen sie reden und schweigen, tanzen und streiten konnte, ja – und er, Mischa, auch. Zum ersten Mal seit Jahren spürte sie wieder diese Verwunderung, geliebt, erkannt und angesehen zu sein – zärtlich selbst noch im Abwenden des Blickes –, die Verwunderung, einen fremden Menschen zögernd ans Herz zu nehmen – wie die Antwort auf eine Sehnsucht, von der sie nichts gewusst hatte. Und jetzt stand er da, nahm die fremde Besucherin in seinen Blick, wie er sie hätte anblicken können, strich ihr mit einer Zartheit die Arme hinab, wie er es ihr getan hatte. Für Mirja war es kaum von Bedeutung gewesen, als er wie nebenbei angekündigt hatte, dass ein neuer Gast dabei sein werde. Jetzt aber verflog alle Leichtigkeit, eine bittere Schwere sickerte in Seele und Leib, nahm ihr den Atem. Sie wandte sich ab, ging vor die Tür, in den abendlichen Garten, der aus all seinen grünen Poren duftete. „Gehst du mit mir hinauf ins Dorf?", fragte hinter ihr eine Stimme. Warum nicht, dachte sie, ich bin abgerutscht auf den Platz der Beliebigen. Wozu hierbleiben? „Ja, gehen wir, Anja." Gehen tut gut, um nicht in die Erde zu sinken, in die Höhle, in die sie sich verkriechen wollte, die Mutterhöhle, die die Verletzten suchen. Noch dufteten die Gräser und Kräuter, erhitzt von der Sonne des Tages, die Steine bröckelten widerwillig unter ihren Schritten. „Ich muss wissen, ob ich hierbleiben soll", begann Anja zögernd. – „Aber wir sind doch gerade erst angekommen?", fragte Mirja verwundert. Anja sah sie nicht an, als sie wie zu sich selbst sagte: „Letztes Jahr war ich auch hier – und ich war so verliebt." Mirja seufzte. War das nicht das allerletzte Thema, auf das sie jetzt Lust hatte? Anja fuhr entschlossen fort, um das Schwerste gleich hinter sich zu bringen: „Und Mischa war in mich verliebt." – Mirja gelang tatsächlich ein Lächeln, und Anja erzählte die Geschichte ihres letzten Sommers. Inzwischen hatten sie den Dorfplatz erreicht mit seinen Bäumen und ihrem Blätterdach über den Holztischen, dem Gesumme und Gelächter der Menschen, die behaglich das Ende dieses Sommertages feierten. Sie setzten sich und bestellten den roten Wein. Und während sie Anja zuhörte, wurde ihr mitten in ihren Schmerz hinein klar: Ich war – wie sie – nie gemeint, nie gesucht, nie erkannt von Mischa, den ich meinte und erkannte und liebte. Nie. Ich war eine der vielen Möglichkeiten, die er benützt hat, so wie man an einem angenehmen Platz ein Glas Rotwein trinkt, das freundlich stimmt. Gewiss, ganz aufmerksam in diesem Augenblick, dankbar für den roten Trost auf der Zunge, aber auch nicht mehr. Nicht ganz und vor allem ganz anders als ich. Das war es wohl, was sie wusste, als der Zorn vorhin in ihr aufstieg, die Lähmung und der Schmerz, verraten zu sein, beliebig statt einzig. – Mit einem Mal verstand sie, dass die Freundin keinen Trost brauchte, wohl aber einen Stoß. Und es begann etwas Neues in Mirja, jenseits von Wut und Enttäuschung, eine neue Zärtlichkeit, ein ganz kleines, neues Leben. „Geh!", flüsterte sie, „und lass los, was dich demütigt und zerfrisst, lass los die alte Sehnsucht, so sanft du es kannst, damit du eine neue nicht verrätst. Geh – mein Herz begleitet dich." Anja schaute sie an und nickte wortlos. Und sie standen auf, suchten im alten Albergo ein Telefon. – Ja, es gab es noch ein Taxi heute Abend. Zusammen liefen sie dann den Weg hinunter in den Garten, in das alte Haus. – So ging Anja.

Mirja aber blieb, um ihren Abschied zu finden. Und als der kam – inmitten des lärmenden Abschiednehmens rundum –, als sie sich vor ihn stellte, um Adieu zu sagen, sah er nicht auf. Und wieder spürte sie die Welle des Zornes. Erst in dem Augenblick, als sie sich einfach abwenden wollte, fragte er – und zum ersten Mal seit Tagen sah er ihr in die Augen: „Okay?" – Nichts ist okay, dachte sie, gar nichts. Ich wollte, du müsstest auch leiden, oh, wie ich das wünschte. Und dann – fast trotz ihrer selbst – stieg wieder dieses Neue, dieses Unbekannte in ihr hoch, das sie im Gespräch mit Anja erfahren hatte. Und sie spürte, wie etwas – ein Engel vielleicht? – sie versuchte, ihre Zärtlichkeit, ihre Liebe nicht zu verraten, auch wenn sie selbst verraten war. Und ein Raum tat sich auf in ihr, nicht leer, sondern einfach und warm und bewohnt, ganz anfänglich, wie für ein Kind, das die Geburt noch nicht verwunden hat. Und sie sagte leichthin: „Okay!" – und nur sie wusste, wie ganz und neu und von Herzen und zu ihr selbst es kam. Und während sie sich umdrehte, musste sie mitten unter Tränen lächeln: Was oder wer hat da mitten im Sommer eine Herberge gefunden?

Esther Ganhör

Zum Innehalten

Mitfühlend sein
nicht nur meine Sehnsucht spüren
sondern darin das Verbindende mit anderen erkennen

Mitfühlend sein
ohne mich darin zu verlieren
Anteil nehmen an der Not der Menschen

Mitfühlend sein
im Wecken der heilenden Kraft
in jedem Menschen
Mitfühlend sein
im Entzünden von Hoffnungslichtern
die zur Solidarität befreien

Mitfühlend sein
Ängste und Hoffnungen
im Kerzenlicht teilen
ohne Worte einander so viel sagen können

Nach Matthäus 9,35–37

Leg' ab deine Opferrolle
Tag für Tag
werde dir und deiner Geschichte gerecht

Traue deiner Menschwerdung
im Entdecken deiner einmaligen Würde
die auch in all deiner Begrenztheit sichtbar wird

Zeige dein inneres Licht
verstecke es nicht
es ist Gottes Licht
das durch dich scheint

Entfalte deine Sehnsucht
steh auf mit anderen
geh einer zärtlicheren Welt entgegen

Nach Baruch 5,1–5

Dem Verlorenen nachgehen
das Gewohnte durchbrechen
seinen Alltag erneuern

Der verlorenen Hoffnung
auf den Grund gehen
ihr die ganze Aufmerksamkeit erweisen
um die tiefe Sehnsucht nach Versöhnung zu entfalten

Dem verlorenen Zutrauen nachspüren
ihm mit wohlwollendem Blick begegnen
damit Verwandlung erfahrbar wird

Die Angst vor dem Abhandenkommen verlieren
darin die Chance neuer Lebensqualität entdecken
die im Loslassen von alten Mustern
mir neu geschenkt wird
damit das Leben ein Fest bleibt

Nach Matthäus 18,12–14 .

Mit beiden Füssen dastehen
Mutter Erde spüren
himmelwärts schauen

Geerdet
den Sternenhimmel sehen
eingebunden in Schöpfung und Kosmos
sich berühren lassen
Zwischen Erde und Himmel
tiefe Lebenskraft schöpfen
die zu ökologischer Achtsamkeit führt

Unter dem Sternenhimmel
miteinander sich beflügeln lassen
lustvolles Engagement entfalten
das vom Ankommen Gottes durch uns erzählt

Nach Jesaja 40,25–31

In den verdorrten Seiten unseres Lebens
dem Sprudeln deiner Quelle
mehr Raum verschaffen

In den Durststrecken unseres Engagements
nicht vertrocknen
sondern tiefe Solidarität erfahren

In den verlassenen Momenten unseres Lebens
deine Verheißung neu hören:
Ich verlasse dich nicht!

In den Suchbewegungen unserer Zeit
Gottes Sehnsucht erahnen
die unaufhaltsam sich entfaltet
durch alle Menschen guten Willens

Nach Jesaja 40,17–18

3. Adventswoche:
Meine Sehnsucht vertiefen

Zur Ruhe kommen
zu mir selber kommen
darin das Verbindende mit allem spüren
herzwärts leben

Zur Mitte kommen
meiner eigenen Tiefe
meinem heiligen Raum in mir
herzwärts atmen

Zur Sehnsucht kommen
meiner inneren Quelle
meinem Seelengrund
herzwärts fühlen

Zum Wesentlichen kommen
meinem inneren Licht
meiner göttlichen Kraft
herzwärts sein

Sabbat in meinem Leben entdecken

Freitagabend in Jerusalem. Sabbat kehrt ein. Einige Monate habe ich da gelebt und beim Schlafengehen am Freitagabend erfahren, wie wohltuend es ist, zur Ruhe zu kommen. Autofreie Straßen, geschlossene Geschäfte, fernsehfreie Abende; sein dürfen.

Die jüdischen Wurzeln unseres Advents entdecke ich in den Worten des ersten Schöpfungsberichtes: „Und Gott sah, dass es gut war" (Genesis 1,9). Mitten in unsere Aktivität, unsere bedrückenden Fragen, unsere Zukunftsängste, unsere verhärteten Beziehungen wollen diese Worte Anklang finden:

„Und es ist gut so!" Es ist eine Grundbedingung, um leben zu können; nicht, um Unangenehmes zu verdrängen oder nur noch rosarot zu sehen; sondern um daraus die Kraft zu schöpfen, sich dem Leben mit seiner ganzen Faszination und Widersprüchlichkeit zu stellen.

Ich kann und will den Sabbat in meinem Berufsalltag entfalten, indem ich mich nicht versklaven lasse, sondern Sorge trage für mich, meine Ressourcen, meine Gaben, mein Licht.

Ich will den Sabbat in meinen Beziehungen vertiefen, indem ich nicht von anderen erwarte, was zuerst in mir erlöst und geheilt werden muss.

Meine Sehnsucht nach Geborgenheit vertiefen, konkretisiert sich in dieser Lebensgrundhaltung des Seindürfens. Zu ihr gehört die Absicht, nicht immer nach neuen Erkenntnissen Ausschau zu halten, sondern das, was mich anrührt, was mich unmittelbar angeht, in meinem Leben zu vertiefen. Einen Rhythmus zu finden zwischen Engagement und Rückzug.

Sabbat entfalte ich in meinem Leben entlang einiger Worte, die am Anfang des Johannesevangeliums stehen, das an Weihnachten gelesen wird:

„Das Wort ist Fleisch geworden und hat unter uns gewohnt." (Johannes 1,14).

Ich sehe darin die Ermutigung, in mir – in meiner Einheit von Leib-Seele-Geist – zu vertiefen, was mich an Worten anspricht. Sie in mich hineinzuatmen, Tag für Tag. Denn der Ursprung des Wortes Spiritualität liegt im Lateinischen *spirare*, das bedeutet *atmen*. Spiritualität spielt sich darum nicht nur im Kopf ab, in vielen guten Gedanken und Vorsätzen, sondern in der kraftvollen Einfachheit, mich bis zu den Zehenspitzen verwandeln zu lassen. Die Menschwerdung Gottes in mir zu erfahren, indem ich dem nachgehe, was zu meinem Leben gehört – was immer es ist. Das Wort Gottes wird Fleisch in mir, wenn ich meiner Sehnsucht traue und sie Tag für Tag in meinem Leben umsetze, zu meinem Wohle und zum Wohle der ganzen Schöpfungsgemeinschaft. Es bedeutet der Kraft des Jetzt zu trauen; eindrücklich ist das zu lesen in Marianne Friederikssons Roman „Simon". Andersson sagt zu Simon während einer langen Fahrt im Lastwagen:

„Mach die Augen zu, Junge. Schalte dein Hirn ab und geh nach innen, in die Halle des Bergkönigs in deinem eigenen Herzen. Dort wirst du die Wahrheit darüber erfahren, dass du nicht vergebens geboren wurdest . . ."

"Es gibt immer nur den Augenblick", erklärte der Fernfahrer.

"Du lieber Gott ...", stöhnte Simon.

"Ganz richtig", sagte Andersson. *"Gott ist der Gott des Jetzt, wie er dich vorfindet, so nimmt er dich an. Er fragt nicht danach, was du gewesen bist, sondern wie du jetzt in diesem Augenblick bist."* (3)

Das ist ein mystischer Moment: Der Ursprung des Wortes Mystik ist das griechische *myein*, was soviel bedeutet wie *die Augen schließen und nach innen schauen*. Meine Sehnsucht kann vertieft werden, wenn ich der Kraft des Jetzt traue. Damit diese Worte uns aber bewohnen und beleben können, braucht es die alltägliche Übung. Es braucht die Entschiedenheit, nicht weiter am Wesentlichen vorbeizuleben, es vielmehr in der Gegenwart zu entdecken und zu pflegen.

Adventliche Menschen erneuern jeden Tag den Sabbat in ihrem Leben.

Den Zuspruch, der vor allen Ansprüchen mein Sein erneuert, lautet: Du bist gut, so wie du jetzt bist, in diesem Augenblick!

„Werde, was du suchst!"

... schreibt der Mystiker Angelus Silesius (1624–1677) im „Cherubinischen Wandersmann".

In meiner Sehnsucht zeigt sich, was ich suche für meine Beziehungs- und Konfliktfähigkeit, meine Lebensaufgabe. Ich finde es, wenn ich mich werden lasse! Ich bin nicht zu haben, sondern immer im Werden. Dieser Selbstwerdungsprozess ereignet sich in der kraftvollen Erinnerung an das innere Licht in mir, das mir seit meiner Geburt geschenkt ist. Die alltäglichen Momente der Sammlung bringen mich in Verbindung mit diesem Inneresten, wie Edith Stein (1891–1942) es lebensnah ausdrückt:

*„Je gesammelter ein Mensch im Innersten seiner Seele lebt,
um so stärker ist die Ausstrahlung, die von ihm ausgeht
und andere in seinen Bann zieht.
Um so stärker trägt alles freie geistige Verhalten
den Stempel der persönlichen Eigenart,
die im Innersten der Seele beheimatet ist."* (4)

Die Erneuerung von Advent und Weihnachten in meinem Leben geschieht in der Entschiedenheit zur Sammlung, damit ich transparent werde für das göttliche Licht, das durch mich scheinen will.

Dieser innere Weg lebt von der schmerzvoll-befreienden Zumutung, so zu werden, wie ich von Anfang an gemeint bin: Abbild Gottes. Die tiefe Sehnsucht, nicht dauernd zu re-agieren in meinem Leben, sondern mehr aus meiner Mitte heraus zu agieren, wird lebendig im Fördern eines einfachen Lebensstils. Urmenschliche Grundhaltungen wie da sein, zuhören können, zärtlich sein, mitfühlend sein, Konfliktfähigkeit formen meine Ausstrahlung, die Hoffnung stiftet und Menschen verschiedener Kulturen zusammenführt.

Sehnsuchts-Räume

 Rhythmus zum Sein entfalten

Sabbat in meinem Leben fördern, mich sammeln, um meine Ausstrahlung kraftvoller leben zu können, geschieht im Selbst-bewusstsein, mein Leben zu ordnen. Meine Sehnsucht vertiefen bedeutet, mir morgens, mittags, abends Zeit zu nehmen zum Sein. Da liegt die Spur zu Gott. Der Theologe Paul Tillich versteht Gott als *Seinsgrund*. In der Kraft des Daseins lässt sich auch das Verbindende mit allen Religionen entdecken. Auch Buddha zum Beispiel wird manchmal als Seinsgrund beschrieben (5). Menschen, die wirklich da sind in ihrem Leben, die in Einklang mit sich selber leben, fördern den Frieden unter den Völkern, Religionen und Kulturen.

Frühmorgens
in der Dunkelheit
eine Kerze entzünden
die hineinleuchten wird
in diesen Tag
in meine Arbeit
in meine Beziehungen
in meine ungelösten Fragen
in meine Freizeit

Frühmorgens
mit andern die Kraft des Lichts feiern

da sein dürfen vor allem Tun
Sammlung erfahren
damit das göttliche Licht
auch diesen Tag durch mich scheint

Frühmorgens
im Kerzenlicht schweigen
meinen Tag auf das Wesentliche ausrichten
sein dürfen
Grund unter den Füssen spüren
ein- und ausatmend
dich als Seinsgrund erfahren

* * *

Mitten im Tag innehalten
meine Sehnsucht nach Sein vertiefen
Druck abgeben
mich lösen von Erwartungen
den Zugang zu meinen Ressourcen neu öffnen
der Kraft des Daseins trauen

Mitten im Tag innehalten
mit der brennenden Kerze
das innere Feuer nähren
mich lösen von Ansprüchen
meine Sehnsucht zum Sein vertiefen
dem Advent Gottes eine Chance geben

* * *

Am Ende des Tages
im Kerzenlicht
diesen Tag vertiefen
dem Lustvollen dankbar nachspüren
dem Schwierigen nicht ausweichen
beides loslassen
leer werden
sein dürfen
Gottes Entgegenkommen erfahren

Am Ende des Tages
im Kerzenlicht
die brennenden Fragen
der ganzen Welt entdecken
sich nicht abfinden mit Gewalt und Ungerechtigkeit
sie Gott anvertrauen
damit im Ausruhen neue Solidaritätskraft reifen kann

Am Ende des Tages
im Kerzenlicht
sein dürfen
meinem Seinsgrund trauen
darin die tiefste Sehnsucht erkennen
angenommen
anerkannt
verwurzelt
zu sein

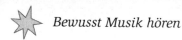 *Bewusst Musik hören*

Die Kerzen der Adventszeit laden ein, bewusst Musik zu hören: Nichts anderes zu tun als da zu sein mit Musik. Weihnachtsmusik aus verschiedenen Ländern belebt die Sehnsucht nach dem Verbindenden unter den Völkern und vertieft dieses Verbindende. „Der Messias" von Georg Friedrich Händel, „Das Weihnachtsoratorium" von Johann Sebastian Bach, „L'Oratorio de Noël" von Camille Saint-Saëns, die man mit dem Textheft hören kann, lassen die künstlerische Kraft erfahren, die in dieser Zeit in jeder und jedem von uns gefördert werden möchte. Im Dasein, im Hören dieser Musik, im Meditieren der Texte vertiefe ich die Sehnsucht nach Kreativität.

Dies gilt auch für die vielen Weihnachtskonzerte, die zur Sammlung und zum Genuss der Musik einladen.

 Weihnachtsgebäck backen

Wenn das Backen nicht neben vielen andern Aktivitäten auch noch nebenbei getan wird, sondern wenn dafür eine Priorität gesetzt wird und darum andere Bräuche gelassen werden, kann darin die Kraft des Vertiefens der Sehnsucht erfahren werden. Beim Zubereiten des Teiges braucht es nämlich zwei wichtige Adventsgrundhaltungen: formen und warten können. Mein Leben bewusst formen, ihm Gestalt geben, aufbrechen, nicht beim Jammern bleiben, sondern Fragen anpacken und zugleich geschehen lassen, nichts überstürzen, Zeit zum Aufgehen, zum Wachsen gewähren, das gehört zu wichtigen Lebensprozessen.

Während der eigentlichen Backzeit können wir miteinander ins Gespräch kommen, wie uns das Leben dieser beiden Pole, das Anpacken und das Wartenkönnen, gelingt.

 Zum 14. Dezember: Ein Licht für Verfolgte

Die „Gesellschaft für bedrohte Völker" ruft in Deutschland am 14. Dezember zur bundesweiten Aktion „Ein Licht für Verfolgte in Deutschland" auf: Auch in unserem Land sind Flüchtlinge, die aus Angst vor Folter und Verfolgung geflohen sind, nicht sicher. Alarmierend sind nicht nur die Taten Rechtsextremer, sondern auch die Äußerungen von Politikern, die davon reden, dass „das Boot voll" sei. Kontaktperson ist Aktionsreferentin Sandra Schillikowski, Tel. 0551/4990617.

 Tagesausklang

Alleine oder miteinander den Tag beschließen, jeden Adventstag ausklingen lassen. Bei Kerzenschein mit einer Tasse Tee und/oder Glühwein zusammensitzen, das Licht der Kerzen genießen, zum Fenster hinausschauen, die Dunkelheit bewusst wahrnehmen.

Nichts tun, da sein, die Gesichter der anderen im Kerzenlicht ansehen. Bekannte Gesichter dadurch neu entdecken: sich erinnern, wie jeder Mensch Geheimnis bleibt, einmalig, kostbar, verwandlungsfähig.

 *Friedhof besuchen*

Der Advent Gottes ruft uns zu mehr Lebendigkeit, zu mehr Innerlichkeit, zu mehr Verbundenheit. Im Annehmen, dass das Sterben auch zu unserem Leben gehört, gehen wir miteinander einen Weg in die Tiefe. Eine Ausdrucksmöglichkeit besteht in einem gemeinsamen Adventsgang zum Friedhof, wo wir eine oder mehrere Kerzen entzünden.

Dieser Lichtweg, der die Verbundenheit über den Tod hinaus ausdrückt, ist besonders dann heilsam, wenn jemand aus der Familie, aus der Nachbarschaft, aus dem Bekanntenkreis gestorben ist. Wir laden die Trauernden zu diesem Adventsgang ein, lassen sie nicht alleine, und geben damit zu spüren, welche lebensstiftende Kraft im gemeinsamen Trauern liegt.

Michael hat genug von Weihnachten

Michael hat genug von dieser Heuchelei an Weihnachten.
Genug von diesem Fest, an dem auf Kommando alle lieb miteinander sind.
Genug von diesem Erwartungsdruck, der die Frustration vorprogrammiert.
Genug davon, miteinander ein Lied zu singen, obwohl das ganze Jahr nie miteinander gesungen wird.
Genug von dieser Pflichtübung, Geschenke auszutauschen; sie unterstützt die Konsumhaltung und ist weit weg vom eigentlichen Sinn des Festes.
Genug, dieses Jahr wird Michael nicht zu Hause sein und dieses verlogene Getue nicht mehr mitmachen.

Seit dem Adventsbeginn tut er sich schwer mit diesen vielen künstlichen Lichtern, die blenden anstatt zu ermutigen, die eigenen dunklen Seiten anzusehen und erhellen zu lassen.

Michael hat genug von diesem manipulierten Weihnachtsfest, denn er weiß um den Sinn von Weihnachten. Mitten im November kamen ihm beim Hören eines Liedes am Radio Tränen, die er sogar vor seinen Kollegen nicht mehr zurückhalten konnte. Peinlich – ein altmodisches Lied, das sein verstorbener Großvater ihm oft vorgesungen hat, bringt ihn zum Weinen. Ausdruck seiner Sehnsucht nach echten Beziehungen, die sogar über den Tod hinaus berühren und zum Leben ermutigen können.

Michael hat genug von Weihnachten, er sehnt sich danach.

Pierre Stutz

Zum Innehalten

Meine Sehnsucht vertiefen
Hoffnungsworte in mich hineinatmen
meinen Advent ausrichten auf das
was wesentlich ist in meinem Leben
was mich nährt und stärkt

Meine Sehnsucht vertiefen
nicht zu weit suchen
hineinwachsen ins Urvertrauen
dass Gott mich sucht
zum ganzheitlichen Leben ermutigt

Meine Sehnsucht vertiefen
mein Leben ordnen
unterscheiden lernen
was Leben blockiert
was Leben fördert
Nein sagen können aus Liebe zum Leben

* * *

Sich von Johannes dem Täufer inspirieren lassen
seine Stimme entdecken
wagen Rufer in der Wüste zu sein
Gewohnheiten und einengende Tagesordnungen
ver-rücken
zum Teilen und gewaltfreien Widerstand aufrufen

Sich von Johannes bewegen lassen
sich einbringen mit ganzer Lebenskraft
sich zurücknehmen mit ganzer Entschiedenheit
seinen Platz finden und einnehmen
und ahnen, dass diese Aufgabe größer ist

Sich von Johannes berühren lassen
seine Grenzen annehmen können
nicht nur aus sich selber heraus handeln
sondern darin das Handeln Gottes erkennen
auf den hinweisen
der Quelle des Lebens ist

Nach Lukas 3,10–18

* * *

Mitten im Alltag
wenn der Buschauffeur
herzhaft einen „Guten Tag" wünscht
das Wirken des Engels erkennen

Mitten im Traum
in kraftvollen Bildern
die Antwort auf schwierige Fragen erahnen
die Klarheit des Engels entdecken

Mitten im Konflikt
die „Verlierer-Sieger-Strategie" verlassen
die Kritik als wohlwollende Einladung verstehen
die Bewegung des Engels erfahren

Mitten im Erfülltsein
loslassen können
mich nicht verkrampfen im Haben
das Sein des Engels erleben

Nach Matthäus 1, 18–24

* * *

Horch
meine Sehnsucht nach Zuneigung
und Geborgenheit
führt mich zu dir

Horch
in dir mich wieder erkennen
und doch als einmaliges Wesen
wahrgenommen zu werden

Horch
lassen wir einander verwandeln
durch unsere erotische Kraft

Horch
die Leichtigkeit des Seins miteinander erfahren
springend-hüpfend

Mache dich auf meine Freundin
ich mache mich auf
in unserem Entgegenkommen
den Advent Gottes hautnah spüren

Nach dem Hohenlied 2,8–10

4. Adventswoche:
Unsere Sehnsucht feiern

Weihnachten entgegengehen
Idealbilder von mir loslassen
sein dürfen
mit meinen lichtvollen Gaben
mit meinen dunklen Widersprüchlichkeiten

Weihnachten entgegengehen
authentische Beziehungen wagen
sein dürfen
Konflikte ansprechen und austragen
Anerkennung ausdrücken und feiern

Weihnachten entgegengehen
die Hirtenfelder in meiner Nähe entdecken
sein dürfen
in Solidarität mit Ausgegrenzten
Resignierten und Empörten

Weihnachten entgegengehen
dem Stern folgen
sein dürfen
im Zugang zu meinen Ressourcen
im Entfalten von Lebensperspektiven

Weihnachten entgegengehen
dem inneren göttlichen Kind in mir begegnen
sein dürfen
mit meinen Verletzungen
mit meiner Lebenskraft

Mensch werden

Die Sehnsucht, die tief in uns steckt, möchte gefeiert werden. Mensch werden, ich selber werden: das sehe und erfahre ich im Fördern und Mitgestalten einer Lebenskultur, die Menschen zusammenführt. Unsere Seele braucht Entfaltungsräume, damit unser Leben mit Symbolen, Gesten und Worten gefeiert werden kann. „Kopf ab zum Gebet", so drückt Kurt Tucholsky es ironisch aus, und das kann uns eine Herausforderung sein, neue Formen des Feierns zu finden – in denen auch kritische Elemente ihren Platz haben. Mit einer solchen Grundhaltung sind wir ganz nahe am Zentrum des Weihnachtsfestes. Weihnachten findet nicht statt in den großen Palästen, umgeben vom Pomp der Uniformen oder bei den Beamten, die Gott verwalten. Es findet im „Haus des Brotes" statt, in Bethlehem, im Stall, im Alltag. Weihnachten ereignet sich in der Einfachheit des Lebens, eingebunden in die Schöpfung und den Kosmos. Weihnachten ist nicht zu kaufen und nicht zu haben, sondern jeden Tag neu im Werden. Darum verwenden mystische Menschen wie Meister Eckhart und Johannes Tauler als Bild der Menschwerdung die „Gottesgeburt im Seelengrund". Die Geburt Gottes in jedem Menschen als Prozess, als dynamische Entwicklung, die sich jeden Tag ereignet, wenn wir dieser Wirklichkeit Raum und Achtsamkeit schenken. Hier begegnen wir unserer tiefsten Sehnsucht: Gott im Herzen von allem zu suchen, zu erahnen, zu ertasten, zu kosten, zu feiern. Meister Eckhart findet dafür folgende Worte:

„Ja, wahrhaftig, wenn diese Geburt wirklich geschehen ist, so können dich die Kreaturen nicht mehr länger hindern. Sie weisen dich vielmehr alle zu Gott hin und zu dieser Geburt . . . Sie werden schlagartig zu dieser Geburt hingekehrt in allem, was ihnen gerade gegenwärtig ist, wie grob es auch sein mag. Was dir vorher ein Hindernis war, das fördert dich von nun an.

Das Antlitz wird nun ganz dieser Geburt zugekehrt. Ja, alles, was du siehst und hörst, was es auch sei – in allem tritt dir diese Geburt entgegen. Alle Dinge werden dir lauter Gott, denn in allen Dingen begegnet dir kein anderer als allein Gott. Gerade so, wie wenn ein Mensch lange in die Sonne sähe, was er danach anschaute, in dem erblickte er das Bild der Sonne. Solange das bei dir nicht der Fall ist, dass du in einem jeglichen Ding Gott suchst und in den Blick bekommst, fehlt dir noch diese Geburt." (6)

Weihnachten entgegengehen bedeutet, diese befreiende Wirklichkeit der Gegenwart Gottes in allem Tag für Tag zu verinnerlichen. Ein wunderbares Paradox, das wir erfahren können: Auch in dem, was uns immer wieder daran hindert, unserer Sehnsucht zu trauen, können wir

Gottes befreiende Wirklichkeit erfahren. Die Geburt Gottes ereignet sich in uns, wenn wir lernen, auch unsere Schattenseiten zu integrieren, ohne darin gefangen zu sein! Darin liegt der Sinn unseres Lebens, der Zuspruch und die Herausforderung, die Verheißung und die Verantwortung. Einfach und schwierig zugleich bedeutet es: so zu sein, wie ich bin, um mich alltäglich von Gott in Beziehung mit allem verwandeln zu lassen.

So gesehen ist Weihnachten nicht das Fest des faulen Friedens, der womöglich hochstilisierten Harmonie, der allzu hohen Erwartungen, sondern im Gegenteil das Fest der Menschen, die versuchen, authentisch zu werden, ehrlich mit sich selber und den andern. Sogar das, was uns hindert und was uns zu grob erscheint, hat Platz am Weihnachtstisch. Die Verschiedenheit hat Platz, die ungelösten Fragen haben Platz, die nicht verheilten Wunden haben Platz, die Nähe hat Platz und die Distanz.

„Fürchtet euch nicht", verkünden die Engel. Sie verkünden Gottes Nähe in allem, damit wir uns selber nahe sein können mit allen Seiten unseres Lebens. Der Weg der Frauen und Männer nach Bethlehem steht für unseren Weg der Integration all unserer Gefühle, unserer Sexualität, unserer Gedanken, um sie nicht mehr länger – aus Furcht vor der Ambivalenz, die in ihnen liegt – abzuspalten oder zu verdrängen.

Weihnachten spricht uns zu, der eigenen Mitte, dem Selbst entgegenzugehen, jeden Tag neu. C. G. Jung erkennt darin, „Gott in uns . . . Die Anfänge unseres ganzen seelischen Lebens scheinen unentwirrbar aus diesem Punkt zu entspringen, und alle höchsten und letzten Ziele scheinen auf ihn hinzulaufen. Dieses Paradoxon ist unausweichlich, wie immer, wenn wir etwas zu kennzeichnen versuchen, was jenseits des Vermögens unseres Verstandes liegt." (7) Auch C. G. Jung ermutigt dazu, in allem das Göttliche zu entdecken, um nicht hinter unseren Entfaltungsmöglichkeiten zu bleiben: „Man wird sich darüber wohl entrüsten, dass eine unerklärliche Laune, eine nervöse Störung oder gar ein unbeherrschbares Laster gewissermaßen eine Manifestation Gottes sei. Es wäre aber gerade für die religiöse Erfahrung ein unersetzlicher Verlust, wenn solche, vielleicht auch schlimmen Dinge künstlich abgetrennt würden ... Die ‚lebende Gestalt' bedarf tiefer Schatten, um plastisch zu erscheinen. Ohne den Schatten bleibt sie ein flächenhaftes Trugbild oder – ein mehr oder weniger wohlerzogenes Kind." (8)

In den Worten von Meister Eckhart und C. G. Jung liegen für mich die Spuren zu einem befreienden, authentischen Wahrnehmen und Feiern unserer Sehnsucht. Hier dürfen auch unsere Launen, unsere Nervosität, unsere Laster sein, sie müssen nicht in einer künstlichen Stimmung unterdrückt werden – und dadurch noch viel mehr Macht erhalten. Darin liegt die Erneuerung des gemeinsamen Feierns unserer Sehnsucht, zu dem auch Ungereimtes und Unerlöstes gehören dürfen. Denn Gottes Ja zum Menschen, wie dies in Jesus sichtbar und spürbar wird, will uns nicht zu angepassten Kindern machen, sondern eigenständige Wesen werden lassen, die aus Selbstbewusstsein heraus solidarisch sind mit anderen Menschen und aller Kreatur.

Spiegel Gottes sein

„Du bist mein Geliebter
meine Sehnsucht
mein fließender Brunnen
meine Sonne
und ich bin dein Spiegel" (9)

. . . schreibt die Mystikerin Mechthild von Magdeburg (1207–1282) voller Lebenskraft. Sie bestärkt uns in unserer Sehnsucht, Gott zu erkennen, um ihn zu feiern und zu leben. Kurz vor Weihnachten, am 21. Dezember, ist Wintersonnenwende. Die Wende geschieht im Tiefpunkt der Sonne. Es ist diese Erfahrung, die wir an Weihnachten feiern: der heruntergekommene Gott lässt sich auf alles ein. Die Geburt Gottes ereignet sich in tiefster Nacht, damit alle unsere Nächte „geweiht" seien und wir lernen, auch das Dunkle im Leben anzunehmen.

In der Geburt dieses Kindes verdichtet sich, was danach im ganzen Sein und Wirken Jesu offensichtlich wird: Gottes Dasein in allen unseren Lebensumständen. Sein Licht scheint auf und in uns, wir werden transparenter für die Liebe Gottes. Offenheit, Transparenz ist eine weihnachtliche Grundhaltung: echter, durch-sichtiger, authentischer zu werden. Das ist für mich möglich, wenn ich zu meiner Macht und meiner Ohnmacht in meinen Beziehungen stehe. Mit diesem zentralen Lebensthema werden wir nie fertig. Darum ermutigt uns Mechthild von Magdeburg mit Bildern wie denen vom *fließenden Brunnen,* von der *Sonne* und vom *Spiegel,* an der Entfaltung der Transparenz zu arbeiten, ermutigt uns, im Lebensfluss zu bleiben. Symbole und Rituale helfen uns dabei, unser Leben als Spiegel Gottes feiern zu können. Die folgenden Anregungen leben aus dieser Hoffnung.

Sehnsuchts-Räume

Viele Menschen leiden an Weihnachten unter ihrem Alleinsein. Und viele Menschen leiden an Weihnachten an den vielen Besuchen, an der Geschäftigkeit. Die folgenden Impulse sind sich dieser Spannung bewusst. Wer oft alleine ist, möge sich ermutigen lassen, aktiv zu werden, um anderen zu begegnen, Einladungen auszusprechen und anzunehmen. Wer wenig Zeit für sich hatte während der Adventswochen, dem sei das Alleinsein, der Abstand vor dem Feiern sehr ans Herz gelegt, um beziehungsfähig bleiben zu können.

 Zum 23. Dezember: Misteltag

Unmittelbar nach dem Winterwendepunkt der Sonne eröffnet uns der alte Brauch des Misteltags die Zuversicht, Neuem in unserem Leben zu trauen. Für die schöpfungsverbundenen Kelten begann in der Zeit nach dem 21. Dezember das neue Jahr. Mistel bedeutet im Keltischen *die alles Heilende*.

Der Misteltag war der Übergang vom alten ins neue Jahr. Die kleinen Früchte der Mistel reifen zur Winterzeit. Dadurch symbolisiert die Mistel die Kraft des Lebens in einer Jahreszeit, in der andere Pflanzen „sterben". Die Mistel kann mit Kälte und Dunkelheit umgehen, sie überdauert sie. Darum ist es heilsam und sinnvoll, Menschen, die eine schwere Zeit erleben, die dunkle Stunden der Depression erfahren, die eine Krise durchstehen, einen Mistelzweig zu schenken als Ausdruck der Hoffnung, die auch an Weihnachten sichtbar werden möchte: Nach der tiefsten Dunkelheit, nach den kürzesten Tagen und längsten Nächten breitet sich das Licht wieder aus.

 Weihnachtsnachmittagsspaziergang

Damit sich wahrhaftige, authentische Begegnungen ereignen können, braucht es Menschen, die bei sich selber sind. Bei sich selber zu Gast sein, bei sich zu Hause sein, sind die Verheißungen jener Nacht in Bethlehem. Alleinsein lernen, um darin die Dimension des All-eins-Seins zu erfahren, der tieferen Verbundenheit mit allem. Weihnachten ist nicht nur das Fest der Gemeinschaft, des Lichtes, sondern auch das Fest, das ermutigt, dem Dunkel zu trauen, Schritte der Einsamkeit zu wagen. Von der Kraft der Einsamkeit und der Lebensangst, in der Neues geboren wird, schreibt Rainer Maria Rilke am 23. Dezember 1903 einem jungen Dichter:

„Was not tut, ist doch nur dies: Einsamkeit, große innere Einsamkeit. In-sich-Gehen und stundenlang niemandem begegnen, – das muss man erreichen können. Einsam sein, wie man als Kind einsam war, als die Erwachsenen umhergingen, mit Dingen verflochten, die wichtig und groß erscheinen, weil die Großen so geschäftig aussahen und weil man von ihrem Tun nichts begriff . . . wenn keine Gemeinsamkeit zwischen den Menschen ist und Ihnen, versuchen Sie es, den Dingen nahe zu sein, die Sie

nicht verlassen werden; noch sind die Nächte da und die Winde, die durch die Bäume gehen und über viele Länder; noch ist unter den Dingen und bei den Tieren alles voll Geschehen, daran Sie teilnehmen dürfen . . . Feiern Sie Weihnachten in diesem frommen Gefühl, dass ER vielleicht gerade diese Lebensangst von Ihnen braucht, um zu beginnen; gerade diese Tage Ihres Überganges sind vielleicht die Zeit, da alles in Ihnen an Ihm arbeitet, wie Sie schon einmal, als Kind, atemlos an Ihm gearbeitet haben. Seien Sie geduldig und ohne Unwillen und denken Sie, dass das wenigste, was wir tun können, ist, Ihm das Werden nicht schwerer zu machen, als die Erde es dem Frühling macht, wenn er kommen will." (10)

Solches In-sich-Gehen wird möglich in einem Weihnachtsnachmittagsspaziergang, einer Stunde für sich – um danach wirklich da zu sein.

 Zeit des Schenkens

Das Wesentliche im Leben ist ein Geschenk. Schenken und Beschenktwerden bringen uns mit dieser tiefen Wahrheit in Verbindung – und mit unserer Sehnsucht, sie zu erfahren. Doch die Kraft des Schenkens entzieht sich uns, wenn wir beim Äußerlichen stehen bleiben. So sinnvoll der Brauch des Schenkens an Weihnachten ist, so groß ist die Gefahr, dass es zu geplant und zu organisiert ist und ein unechter Austausch von Geschenken stattfindet. Ein noch so teures Geschenk kann den Urwunsch nach Angehörtsein und Anerkanntsein nicht ersetzen. Sich Zeit zu schenken, kann das Kostbarste sein, wonach wir uns sehnen.

Ich konnte den Sinn von Weihnachten wieder neu erleben, als wir in der Familie vereinbart hatten, einander nichts mehr zu schenken. Ein enormer Druck war weg. Dies ermöglichte es mir, das Jahr hindurch meine Wertschätzung durch unerwartetes Schenken auszudrücken.

 Sakramente feiern

In der katholischen Tradition sind wir vor den Festtagen eingeladen, das Sakrament der Versöhnung zu feiern. Ein Sakrament möchte uns die Nähe Gottes erfahren lassen, sein *Ja*, das er nie mehr zurücknimmt. Angesichts der Zerbrechlichkeit unseres Lebens und von Ereignissen, in denen wir uns selber, anderen und dadurch auch Gott etwas schuldig geblieben sind, ist es heilsam, beim Feiern des Versöhnungssakramentes zu hören, was immer schon Wirklichkeit ist in unserem Leben: Gott kommt uns mit seiner Zuwendung, seiner Gnade zuvor und lässt uns immer wieder neu anfangen. In den Eucharistiefeiern können wir diese nährende Gegenwart auskosten und so Christus als Licht und Quelle mit Leib und Seele spüren.

 Weihnachtslichter in einen Brunnen oder Fluss legen

Das alljährlich wiederkehrende Weihnachtsfest behält die innere Bewegung, wenn wir nicht den ganzen Abend lang sitzen bleiben (was oft anstrengend ist!), sondern uns äußerlich und innerlich auf den Weg nach Bethlehem machen. Christus als innere Quelle, als fließenden Brunnen zu erleben, wird sinnfällig, indem wir zu einem Brunnen gehen oder einem Teich, Bach oder Fluss und ein Teelicht oder eine Schwimmkerze ins Wasser legen – mit einem Wunsch, einem Dank, einer Bitte als Ausdruck unserer Sehnsucht.

Dieser Weihnachtsweg kann durch das Basteln einer Laterne oder von halben Nussschalen, gefüllt mit Wachs, die als Hoffnungsschiffe ins Wasser gelegt werden, vorbereitet werden.

Gerade in schwierigen und spannungsreichen Stunden unseres Lebens, rund um die Scheidung eines Paares, die unheilbare Krankheit eines Menschen, den Verlust eines Arbeitsplatzes, die Depression eines Familienmitglieds, die Trauerzeit durch den Tod eines Menschen, ist es heilsam, in den Weihnachtstagen die Sehnsucht nach Licht im Unterwegssein und im Einbezug der vier Elemente Wasser, Feuer, Erde, Luft zu feiern.

 Eine Weihnachtsgeschichte schreiben

In diesem Buch finden sich verschiedene Weihnachtsgeschichten, die Menschen aus meinem Freundeskreis geschrieben haben. Nebst dem Impuls, eine Geschichte am Weihnachtsabend laut den anderen vorzulesen, sehe ich darin auch die Ermutigung, selber eine Geschichte zu schreiben.

Miteinander Musik hören

Sein dürfen in der Verschiedenheit ist eine Zusage von Bethlehem. Sie wird ganz deutlich, wenn am Heiligabend jede/r ein Musikstück mitbringt, das alle miteinander anhören. Der/die Betreffende teilt mit, was ihr oder ihm an dieser Musik gefällt.

Mit den eigenen Instrumenten musikalische Vielfalt und Gemeinsamkeit ausdrücken, stiftet Gemeinschaft.

 Soirée littéraire

Gottes Geburt auf dieser Welt zeigt sich auch im künstlerischen Wirken. Alle Mitfeiernden nehmen ein Gedicht, eine Kurzgeschichte, einen Meditationstext oder auch einen Kunstdruck oder ein Bild mit, zeigen und lesen sie eingebettet in Instrumentalmusik vor und erzählen den andern, welche Sehnsucht sie darin entdecken.

 In einer Kirche mitfeiern

2000 Jahre Kirchengeschichte: viel Licht und Schatten.

„Und sie bewegt sich doch . . ." gilt auch für unsere Kirchen. Die Wandlung, das Suchen einer neuen Sprache, das Beibehalten von uralten, kraftvollen Ritualen, die durch alle Mitfeiernden existenziell erneuert werden müssen, lassen lebendige Gemeinschaft erfahren.

Familiengottesdienste, in denen Kinder die Weihnachtsgeschichte aktualisieren, sind Hoffnungszeichen einer

Kirche, die – wie jener Mensch, dessen Geburtstag wir feiern – ganz nahe bei den Leuten ist.

 Schweigend die vielen Kerzen am Weihnachtsbaum erleben

Die Sehnsucht nach der Kraft des Schweigens nimmt von Jahr zu Jahr zu; sogar Jugendliche sagen immer häufiger, dass sie „abschalten möchten". Darin drücken sie unseren Wunsch und zugleich unsere Überforderung aus, still zu werden.

Weihnachten aktualisiert sich da, wo Menschen Neues wagen und mutig werden, die Ohnmacht zu durchbrechen. Darum werden die Kerzen des Weihnachtsbaumes miteinander angezündet, eine nach der anderen, indem jede/r sagen kann, für wen diese Kerze brennen soll, für Lebende und Verstorbene, für Menschen in der Nähe, für sich selber, für Menschen auf der ganzen Welt. Als Familie, im Freundeskreis bewusst die vielen Kerzen schweigend anschauen, lässt miteinander die Tiefe des Lebens erfahren.

 Feste und Symbole: Das Verbindende mit anderen Religionen

„Das Schönste an der Weihnachtszeit sind die vielen Lichter", sagt eine muslimische Familie, die zur Weihnachtszeit den Fastenmonat Ramadan gläubig mitvollzieht. So wie die Adventszeit uns die Erneuerung des Weihnachtsfestes ermöglichen will, so ist Abschluss und Höhepunkt des Fastenmonats das dreitägige Ramadan-Fest. Auch zum Ramadan-Fest beschenkt man sich gegenseitig.

Rund um die Advents- und Weihnachtszeit feiern jüdische Menschen das Chanukka-Lichterfest. In Erinnerung an die Tempelweihe 164 vor Christus und an das Wunder, dass das Öl des einen Kruges acht Tage lang nicht ausging, wird auf dem achtarmigen Chanukka-Leuchter täglich ein Öllämpchen oder eine Kerze angezündet.

In der Begegnung mit Menschen aus anderen Religionen sind wir selber wieder herausgefordert, die Wurzeln unserer christlichen Tradition zu entdecken. Im Erleben der Gastfreundschaft, nicht nur in der Weihnachtszeit, sondern das ganze Jahr hindurch, können bereichernde Begegnungen zwischen Menschen verschiedener Religionen entstehen.

 Existenzielle Weihnachtsthemen vertiefen

Die Weihnachtsgeschichte ist voller existenzieller Themen, denen ich während Monaten nachsinnen und nachspüren kann, indem ich mir ein leeres Weihnachtsbuch schenke, um wöchentlich meine Gedanken aufzunehmen:

1. Was möchte in mir mehr geboren werden?
2. Wie sieht meine Beziehung zu meinem inneren Kind aus? Meinem verletzten Kind?
3. Welche Gaben und Fähigkeiten sind noch klein und möchten mehr ans Licht hervorgeholt werden, um wachsen und reifen zu können?

4. „Meinen Stall" als inneres Bild entdecken: meine Lebenskraft, meinen Mist! Darf beides zu mir gehören?
5. Hirten waren am Rande der Gesellschaft, sie erkennen das Wesentliche. Wie gehe ich mit Menschen am Rande um? Am Rand die Mitte finden!
6. Den Engel in meinem Alltag entdecken, das Wunderbare im Alltäglichen.
   Dem Engel begegnen – selber Engel sein.

Zwischen Ochs und Esel

Es war einmal ein Mann, der wollte gerne in den Himmel kommen. Er ließ sich belehren, was da zu tun sei. Und es war vieles zu tun und auch einiges zu lassen. Der Eifer des Mannes war groß und eines Tages war es soweit: Etwas müde, doch voller Erwartung stand er vor der Himmelstür. Geraume Zeit wartete er. Weil ihm niemand öffnete, wollte er an die Türe klopfen. Dabei bemerkte er, dass diese nur angelehnt war. Darüber wunderte er sich und ehrfurchtsvoll trat er in den Himmel. Er erschrak und traute seinen Augen nicht, denn er stand nicht vor Gottes Herrlichkeit, sondern in einem großen, halbdunklen Raum. Er schaute in alle Richtungen und entdeckte in einiger Entfernung zwei Tiere bei einem großen Heuhaufen. Er schritt auf diese zu. Als er näher kam, erkannte er die Tiere: Es waren Ochs und Esel, die er jeweils zur Weihnachtszeit in seiner Stube zur Krippe stellte. Genauer gesagt: Den Esel hatte er immer dazu gestellt, doch den Ochsen hatte er in den letzten Jahren im Seidenpapier in der Schachtel liegen lassen, damit die Engel und die Schafe mehr Platz hatten. Das war ihm jetzt ein wenig peinlich. Doch umkehren konnte er nicht mehr, denn die Tiere hatten ihn bemerkt.

Bald stand er vor ihnen und rief: „Wo ist Gott? Warum ist er nicht im Himmel?" Erschrocken verstummte er, denn die Fragen hallten von den Wänden. Der Esel schaute den Mann freundlich an und sagte: „Gott ist Mensch geworden." Diese Antwort verwirrte den Mann. Er setzte sich neben dem Esel aufs Stroh. „Gott ist Mensch geworden." Diesen Satz hörte er nicht zum ersten Mal. Doch war dies nicht vor 2000 Jahren geschehen? Viele Fragen bedrängten ihn und er fand keine Antwort in seinem Kopf. Der Esel empfahl ihm, sich niederzulegen und auszuruhen. So legte sich der Mann zwischen Ochs und Esel und war erstaunlicherweise bald eingeschlafen.

Als er langsam aufwachte, hörte er als erstes den wiederkäuenden Ochsen. Dann fragte ihn der Esel, ob er auf die Erde zurückkehren möchte. Gerne war der Mann dazu bereit. Der Ochse erhob sich und machte sich mit dem Mann auf den Weg. Zügig und voller Kraft schritt er voran, und sie gelangten zu einer großen Leiter. Dort fragte der Mann den Ochsen, wo er denn Gott auf Erden suchen solle? Das sei ganz einfach, meinte der Ochse, die Leiter würde ihn zum richtigen Ort führen.

Dankbar verabschiedete sich der Mann und unter den guten Blicken des Ochsen stieg er auf die Leiter. Wohin sie ihn wohl führen würde? Je näher die Erde kam, umso neugieriger wurde der Mann und er wagte einen Blick in die Tiefe. Was er sah, hatte er nicht erwartet: Es war keine einsame Wüste, kein beschaulicher Klostergarten, sondern das Hochhaus mit seiner Wohnung. Bald setzte er seine Füße auf nur allzu bekannten Boden. War jetzt wieder alles so wie früher? Nein: der Mann entdeckte vieles, was er vorher übersehen hatte, und er ahnte, dass ihm im Übersehen ein Stück Himmel geschenkt wurde. Darüber staunte er.

Margrit Ruesch

Zum Innehalten

Meditationen entlang der Weihnachtsgeschichte
nach Lukas 2,1–20

Volkszählung
damals und heute
Absicherung
Unannehmlichkeiten

Volkszählung
damals und heute
zu meinen Wurzeln stehen
Heimkehr
Versöhnung mit meinem Ursprung

Volkszählung
damals und heute
Gott wartet die Zählung nicht ab
lässt sich ein auf jede und jeden von uns
vertagt sein Entgegenkommen nicht
sondern lässt jeden Menschen erfahren:
du kannst auf mich zählen

* * *

Aufzeichnen
was zu mir gehört
zu meiner Geschichte stehen

Aufzeichnen
was mich ausmacht
meine Einmaligkeit bewahren

Aufzeichnen
was mich verbindet
in der Weggefährtenschaft der Hoffenden

Aufzeichnen
was verletzlich und zerbrechlich ist in mir
trotzdem den Aufbruch wagen
Aufzeichnen
was eingetragen werden möchte
im Buch des Lebens

* * *

Erwartend unterwegs sein
sich nicht abfinden
mit den Widerwärtigkeiten der Menschen

Erwartend aufbrechen
einander stützen und beistehen
um Rückschläge verkraften zu können

Erwartend dem Leben zuliebe
in der Tiefe meines Seins erkennen
was geboren werden möchte

* * *

Abweisung erfahren
nicht erkannt sein
in seinem tiefsten Empfinden

Abweisung erleben
in der Fremdenfeindlichkeit
die himmelschreiend
die Botschaft von Bethlehem in Frage stellt

Abweisung erdulden
in heuchlerischen Parolen
der Pseudomenschlichkeit
Abweisung erleiden
in der Ausgrenzung von Mitmenschen
die Menschwerdung Gottes verrät

* * *

Nachtwache halten
gemeinsam dem Dunkel trauen
die Kraft der Hirtenfelder erkennen
in unseren Städten und auf den Marktplätzen

Nachtwache halten
um ein Feuer versammelt
das Ausdruck der inneren Sehnsucht ist

Nachtwache halten
die Wärme der Tiere erfahren
die beseelt sind und nicht ausgebeutet werden dürfen

Nachtwache halten
einander zärtlich begegnen ohne Worte
Erde und Himmel verbinden
gemeinsam schwach sein dürfen

Nachtwache halten
die Angst vor dem Ungewissen miteinander teilen
das Vertrauen in die Solidarität stärken

* * *

Mitten in den Selbstzweifeln
dem Engel begegnen
der zum Selbstvertrauen bestärkt

Mitten in den dunklen Stunden
den Engel erleben
als innere Stimme des Urvertrauens

Mitten in der Verunsicherung
dem Engel nicht ausweichen
der mich auf mich selber zurückwirft
um echte Hoffnung zu erfahren

Mitten in der Zukunftsangst
den Engeln eine Chance geben
im Glauben an die Macht der Ohnmächtigen

Mitten im Gefangensein in mir selber
dem Engel zutrauen
meine Mauer des Misstrauens zu durchbrechen

Mitten im Außersichsein
den Engel entdecken
als sammelnde Mitte
die engagierte Gelassenheit wachsen lässt

* * *

Weihnachten erfahren
heilende Stunden
der ansteckenden Gesundheit
Weihnachten erfahren
heilsame Begegnungen
die Verwundungen vernarben lassen

Weihnachten erfahren
unerwartetes Entgegenkommen
mitten in verhärteten Beziehungen

Weihnachten erfahren
strahlendes Aufleuchten
jener oft vergessenen Wirklichkeit:
Gott ist mit uns in allem

Weihnachten erfahren
hoffnungsstiftender Zuspruch
vor allen Ansprüchen:
gemeint zu sein vor aller Leistung

* * *

Gottes Ehre
ist der aufgerichtete Mensch
aufgerichtet zwischen Erde und Himmel

Gottes Ehre
ist greifbar im Einsatz für die Menschenrechte
der trotz Widerständen gestärkt werden muss

Gottes Ehre
ist spürbar im beharrlichen Friedensprozess
in den gewaltvollen Regionen der Welt

* * *

Bethlehem erkennen
im Begleiten von Sterbenden
im Händehalten Gottes Hand erahnen

Bethlehem erkennen
im Stiften von Gemeinschaft
im Teilen von Brot und Wein Gottes Gegenwart kosten

Bethlehem erkennen
im Engagement für eine menschlichere Asylpraxis
im Widerstand
Gottes Leidenschaft für die Kleinen ausdrücken

Bethlehem erkennen
im fairen Austragen von Konflikten
im Erneuern der Verwandlungskraft
eines jeden Menschen

Bethlehem erkennen
im erotischen Zusammensein der Liebenden
Zärtlichkeit Gottes, hautnah

Bethlehem erkennen
im Aushalten der Verzweiflung
im Schreien in der Nacht
das Mitschreien Gottes hören

Bethlehem erkennen
im gemeinsamen Entgegengehen in einen neuen Morgen
im solidarischen Stärken
des Vertrauens in den Aufbruch

* * *

Das göttliche Kind finden
das befreit von den Allmachtsphantasien
und der Angst immer stark sein zu müssen

Das göttliche Kind finden
das erlöst vom Leistungsdruck
sich dauernd beweisen zu müssen

Das göttliche Kind finden
das heilt was verwundet ist
damit Verletzte heilend wirken können

Das göttliche Kind finden
das von der Ewigkeit erzählt
die im Hier und Jetzt erfahrbar ist

Das göttliche Kind finden
in meinem Seelengrunde
in der Tiefe eines jeden Menschen

* * *

Bewahren
was mich im Herzen zutiefst berührt

Nachklingen lassen
was in meinem Innersten Anklang findet

Nachwirken lassen
was meine beharrliche Geduld fördert

Bewahren
was verbindet mit allen Menschen guten Willens

* * *

Zurückkehren
gestärkt den Alltagsforderungen begegnen

Zurückkehren
verwandelt der Kraft des Wunderbaren trauen

Zurückkehren
nach der Stille der heiligen Weihnacht
vertrauend
dass *Du* unaufhaltsam

jede Nacht der Verzweifelten stillst
jede Nacht der Resignierten heiligst
jede Nacht der Ohnmächtigen weihst
im solidarischen Zusammensein der Hoffenden
im verwandelnden Aufbruch der Glaubenden
im beflügelnden Unterwegssein der Liebenden

Zwischen den Jahren:
Meine Sehnsucht wachhalten

Aus der Kraft von Bethlehem leben
das göttliche Kind in mir entdecken
in meinen Fähigkeiten
in meinem inneren Feuer
in meiner Lebensaufgabe

Aus der Kraft von Bethlehem leben
den Stall in mir entdecken
in meinen dunklen Seiten
in meinen Grenzen
in meiner Verwandlungskraft

Aus der Kraft von Bethlehem leben
die Krippe in mir entdecken
die heilsame Leere
den heiligen Raum in mir
der durch Gott erfüllt wird

Aus der Kraft von Bethlehem leben
die Weggefährtenschaft schätzen
den Aufbruch vieler Menschen guten Willens
die am Rand die Mitte erkennen

Aus der Kraft von Bethlehem leben
die Engel im Alltäglichen erfahren
in der zärtlichen Geste
im Mut zum Widerstand

Aus der Kraft von Bethlehem leben
Brot und Wein teilen
tiefste verbindende Sehnsucht:
Ich bin der ich da sein werde

Die Kraft der zwölf heiligen Nächte erfahren

Die Nächte zwischen dem 25. Dezember und dem 6. Januar werden die „zwölf heiligen Nächte" genannt; ich empfinde diese besondere Zeit auch als die „zwölf heilenden Nächte", und ich erkenne darin die Aufforderung, die Zeit vor und nach dem Jahreswechsel mit Achtsamkeit und Entschiedenheit zu gestalten. Heilende Nächte und Tage erwarten uns, wenn wir die Zeiten der Stille nach Weihnachten bewusst in unserem Leben entfalten. Da erhält die Sehnsucht, die uns durch den Advent begleitet hat und die wir an Weihnachten gefeiert haben, ihre lebensfördernde Ausrichtung, ihre Kraft der Verwandlung. Sie wird erfahrbar, wenn wir unserer Seele bewusst Entfaltungsräume eröffnen und die Hektik, die uns beruflich und privat doch noch eingeholt hat vor Weihnachten, nun verabschieden, damit heilende Leere entstehen darf. Dieser Übergang wird nicht einfach sein. Wir sollen nicht überrascht sein, wenn Unruhe, Müdigkeit, diffuse Gefühle uns begegnen. Dahinein möchte die Kraft der heilenden Nächte wirken, wenn wir sie begehen im Wachhalten unserer Sehnsucht.

Ich halte meine Sehnsucht wach, indem ich mich selber und viele Menschen ermutige, das eigene Leben in die Hand zu nehmen, mitzugestalten, Räume der Stille zu schaffen, um selbstbewusster und solidarischer und mit mehr Rückgrat Schritte ins Neue Jahr zu wagen. Ich träume von Menschen, die die Chance der heilenden zwölf Nächte erkennen und die Zeit nach Weihnachten nicht von Pflichtbesuchen und Fernsehprogrammen bestimmen lassen, sondern durch tägliche Zeiten der Stille und der Standortbestimmung.

Ich halte meine Sehnsucht wach in der Kraft dieser heilenden Zeit, die wächst, wenn sich Frauen und Männer während dieser zwölf Tage der Wandlung anvertrauen und die Chance dieser Zeit erahnen: einen Rhythmus einzuüben, der auch im Alltag tragen wird. Dies ist ein Ereignis, das nicht machbar ist und doch konkrete Gestalt gewinnen muss.

Ich halte meine Sehnsucht wach in der Kraft dieser heilenden Zeit, die reift, wenn Frauen und Männer die Distanz zum beruflichen Geschehen, zu den Sachzwängen nutzen, um darin die Aufforderung zu entdecken, nicht länger gelebt zu werden, sondern mehr aus dem inneren Feuer, das in der Weihnachtsnacht neu in uns genährt worden ist, zu leben.

Ich halte meine Sehnsucht wach in der Kraft dieser heilenden Zeit, die erfahrbar wird, wenn Frauen und Männer in einer oder mehreren dieser zwölf Nächte eine Stunde schweigend zu Fuß unterwegs sind, sogar durch Kälte und Schnee, um nachts zu durchschreiten, zu gehen und zu spüren, was in der Nacht von Bethlehem jeder und jedem von uns zugesprochen worden ist: die Christuskraft, die sich auch im bewussten Gehen und Erfahren der eigenen Lebenskraft zeigt.

Zwischen Rückzug und Engagement

Aus der Kraft von Bethlehem einem neuen Jahr entgegenzugehen, bedeutet nicht abgehoben, weltfremd oder abgeklärt unterwegs zu sein. Die Gedenktage nach Weihnachten wollen uns hineinwachsen lassen in die „Menschenfreundlichkeit Gottes" (Titus 2,11–14), die unaufhaltsam aufscheint in vielen Menschen. Zugleich bringen sie uns aber auch in Berührung mit den Widerwärtigkeiten, die Menschen einander zufügen können. Schon am 26. Dezember, am Stephanstag, werden wir als weihnachtliche Menschen konfrontiert mit der Steinigung des Stephanus (Apostelgeschichte 7); sie ist nicht nur Vergangenheit, sie ereignet sich auch heute in Folterungen, in Gewalt in unserer Welt.

Gerade dahin will Gott neu geboren werden durch uns Menschen, die Widerstand leisten und ihre ganze Lebenskraft für mehr Gerechtigkeit in Frieden zur Verfügung stellen. Dazu braucht es den Rückzug, den Zugang zu den Ressourcen (*source*, das ist auf Französisch die *Quelle*), es braucht das Sammeln der eigenen Kräfte. Die zwölf heilenden Nächte möchten uns durch die Kraft der Vertiefung des Weihnachtsgeschehens wachsame Menschen werden lassen, damit wir unsere Augen und Ohren nicht verschließen vor der himmelschreienden Not. Wir entdecken sie am 28. Dezember, dem Gedenktag der Unschuldigen Kinder; wir erkennen sie in den sexuell missbrauchten Kindern; in den fünf Millionen Kindern, die in 40 Ländern dieser Erde als Sklaven gehandelt werden (Kaufpreis: SFr. 5000); in Kindern, die sich prostituieren, die viel zu früh Erwachsenenarbeit leisten, in den Kindern unserer Städte, in denen sie immer weniger Spielraum haben. Die Sehnsucht von Weihnachten wachzuhalten, bedeutet, uns diesen brennenden Fragen zu stellen; im Fördern der Menschenrechte, insbesondere der Kinderrechte, erhält unsere Sehnsucht ein Gesicht. Sie wird gestärkt, wenn wir auch uns selber gerecht werden und unserer Leib-Seele-Geist-Einheit, die gepflegt und genährt werden möchte, um die nötige Kraft immer wieder zu finden.

Dabei soll unser herzhaftes Lachen, unsere Lebenslust, unsere Ausgelassenheit, unsere Festfreude nicht zu kurz kommen. Sie fließt umso natürlicher, wenn wir auch Schweigeräume entfalten.

Sehnsuchts-Räume

Das göttliche Kind in uns zeigt sich für mich in dem zunehmenden Bedürfnis, in den Tagen am Jahresende Stille erfahren zu können. Die folgenden Impulse möchten ermutigen, die Nacht vom 31. Dezember zum 1. Januar auch mit einem besinnlichen Element zu begehen:

 Mit Weihrauch durch die Wohnung gehen

Martin aus Kärnten hat uns einen kraftvollen Brauch erfahren lassen. Am 24. Dezember und/oder 31. Dezember und/oder 6. Januar gehen wir mit Kerzen, Weihrauch und Weihwasser (gesegnetem Wasser) singend und schweigend durch die Zimmer unserer Wohnung und unseres Hauses, in den Schafstall, die Scheune, den Garten, zur Quelle. Dabei können wir dankbar alle Begegnungen mit Menschen, Tieren und Pflanzen, mit der ganzen Schöpfung vertiefen. Mit dem Weihrauch und dem Besprengen mit Weihwasser durchschreiten wir unseren Lebensraum, um uns zu erinnern, wie darin der Segen Gottes spürbar war – neben und bei aller Zerbrochenheit, Verletzlichkeit und Verwundbarkeit. Segnen ist kein magisches Geschehen, es bedeutet nicht, jemandem Gott zu bringen. Segnen bedeutet, die Wirklichkeit in Erinnerung zu rufen und zu feiern, die immer schon Grundlage, tiefe Sehnsucht unseres Lebens ist: Gott als Schöpfer allen Lebens, aller Begegnungen. Menschen, Tiere und Räume segnen am Ende eines Jahres, bedeutet das Verbindende mit allem, mit Schöpfung und Kosmos, in uns wachzuhalten.

 *Mit Fackeln unterwegs*

Im besinnlichen Gang ins neue Jahr, draußen, jede/r eine Fackel in der Hand, können wir miteinander vergegenwärtigen und verdichten, worauf wir uns auch in der kommenden Zeit ausrichten möchten:

1. Fackeln sind Ausdruck der Hoffnung, erleuchtet, inspiriert, erhellt zu werden im Leben.
2. Schritt für Schritt gehen wir, langsam und kraftvoll, und spüren den Boden: ein Ausdruck dafür, geerdet im Leben zu stehen.
3. Ab und zu halten wir inne, schauen himmelwärts, staunen über das wunderbare Eingebundensein in den Kosmos.
4. Wir nehmen Glühwein und Punsch mit, lassen uns wärmen und stärken einander.

 Feuer der Verwandlung

Das Jahresende bringt uns mit einer zentralen spirituellen Aufgabe in Verbindung: der Kraft des Loslassens. Echtes Loslassen wird nur möglich, wenn wir uns noch einmal einlassen auf Altes, auf Verletzungen, auf ungelöste Fragen, auf Trennungen. Um nicht gefangen zu bleiben in lebensbehindernden Mustern, ist es sinnvoll, sich Zeit zu nehmen und aufzuschreiben, zu malen, was ich dem Feuer der Verwandlung übergeben möchte. Am 31. Dezember versammeln wir uns um ein Feuer im Garten, auf dem Balkon oder rund um eine Kerze, damit jede und jeder das Papier verbrennen kann.

Sinnvoll ist auch ein Gang durch einen Wald, um dabei ein Stück Holz zu sammeln, in dem sich verdichten kann, was wir verbrennen möchten. Dabei sind wir uns bewusst, dass durch dieses Ritual die Probleme nicht einfach so gelöst sind. Diese Geste ist ein Hoffnungszeichen, damit unsere Sehnsucht nach Verwandlung für uns selber und für den andern sichtbar wird.

 Anerkennung aussprechen

Weihnachtlich leben bedeutet für mich, eine Anerkennungs- und Konfliktkultur zu fördern. Das habe ich von Jesus gelernt, ich nenne es Lebensschule: unermüdlich das göttliche Licht in jedem Menschen erkennen und in der Partnerschaft, in der Familie, im Arbeitsteam aussprechen, was ich schätze an dieser Person. Auf der Grundlage dieses Wohlwollens können wir einander auch mitteilen, womit wir uns schwer tun, mit welcher Seite dieses Menschen ich Mühe habe. Nicht fauler Frieden wird uns an Weihnachten verkündet, sondern echte Versöhnung – und die hat immer mit wohlwollender Konfliktfähigkeit zu tun.

Am Ende des Jahres halten wir Rückblick und sprechen aus, was gelungen ist in unserer Beziehung und was noch offen, schwierig, ungelöst bleibt.

 Krippe meditieren

In vielen Kirchen lassen sich beeindruckende Krippenfiguren entdecken, die das Weihnachtsgeschehen in unsere Zeit, unsere Existenz hineinholen möchten. Beim Besuch einer Kirche die Krippenfiguren meditieren: spüren, welche Figur mich innerlich anrührt. Danach miteinander ins Gespräch kommen. Die Krippenfiguren als Symbol meiner inneren Wirklichkeit entdecken, für die Seiten in mir, die noch mehr gelebt, entfaltet werden möchten.

Die Quartierpflanze

Hundespaziergang wie üblich am Abend. Wenige Schritte von der Haustüre an der Hallerstrasse entfernt, exakt sechs Hausnummern weiter, steht es, ein zitterdünnes Pflänzchen im Asphalt am Eisengeländer zwischen Trottoir und Vorplatz. Die Pflanze ist vielstielig, etwas 30 Zentimeter hoch, hat violette Blütchen, grüne Blättchen.

Ein Blick, und alles ist anders. Im Bruchteil einer Sekunde weiß ich, weiß ich nicht im Kopf, weiß ich in meinem Herzen, dass diese Pflanze die gleiche Bedeutung, die exakt gleiche Wichtigkeit hat in der Welt wie Notre Dame in Paris. Es ist, also ob ein Vorhang spaltweit aufgegangen wäre zur Welt hinter der Welt, zur eigentlichen Welt. Mit diesem Wissen gehe ich weiter, ich und der Hund. Ich bin beschwingt, ich fühle ein Herzensglück in mir, eine Erleichterung irgendwie und Freude. Ob eine Art Trost gar?

Ich komme immer wieder an dieser Pflanze vorbei. Ich sehe sie und spüre nichts Sonderliches mehr. Aber ich erinnere mich, erinnere mich an eine Art Schatz in mir drin, einen Schatz, der bleibt, bleibt, solange ich bleibe, denke ich.

Tage später, auf der Höhe der Pflanze, kreuzt mich eine Frau. Spontane Eingebung, und ich frage sie, ob sie wisse, wie diese Pflanze heißt. Schnöde Neugier meinerseits, schnödes Wissenwollen. Die Dame, mir unbekannt, verneint, aber ein Wort gibt das andere, und ich erzähle ihr mein „Gesicht", meine „Erscheinung".

Wieder Tage später, wieder an der Pflanze vorbei. Was sehe ich, was hängt da? Tatsächlich – ein weißes Couvert, sorgsam in durchsichtige Plastikfolie gehüllt – für alle Regenfälle. Ich nähere mich scheu. Ich lese meine persönliche Anschrift auf unpersönlicher Straße. Ungewohnt. Wie ein Dieb schaue ich um mich, ob ich darf. Ja, ich darf.

Zu Hause lese ich: „Lieber Herr Arnd, ich bin sicher, dass meine ‚Blumenpost' Sie finden wird. Was meinen Sie zu einem Abendessen? Heidi R. und Peter L. in Murten." Ich juble innerlich und zeige den Brief freudig meiner Ena. Und? Seitdem liegt der Brief auf dem Stubentisch, unberührt, aber an exponierter Stelle. Ich sehe ihn täglich. Und ich selber bin mitten drin zwischen Sehnsucht und Angst, bin blockiert zwischen der Sehnsucht nach Nähe und der Angst vor Nähe. Ein Wissen in der hiesigen Welt.

Ueltsch Arnd

Zum Innehalten

Zur Krippe gehen
mit meinen lebensblockierenden Ängsten
mit meinem Gefangensein in einengenden Mustern
mit meiner Sehnsucht nach Erlösung

Zur Krippe gehen
mit meinen unversöhnten Beziehungen
mit meinen belastenden Kindheitserfahrungen
mit meiner Sehnsucht nach Heilung

Zur Krippe gehen
mit anderen teilen
was mich bedrückt und entfernt von der Lebendigkeit
meine Sehnsucht ernstnehmen

Zur Krippe gehen
mich von der Weggefährtenschaft beflügeln lassen
unerwartet erkennen
was in mir noch mehr geboren werden möchte
meine Sehnsucht nach authentischem Menschsein

Zur Krippe gehen
horchend auf meine Herzensstimme
die mich zur Hoffnung bewegt:
Fürchte dich nicht
Umgeben von deinen Fragen
wirst du in die Antworten hineinwachsen
jeden Tag neu

Die Krippe
in meinem Seelengrund wahrnehmen
den heilenden Raum in mir
wo ich nichts beweisen muss
einfach sein darf
damit Christus in mir geboren wird

Die Krippe
in meiner Tiefe erkennen
die Kraft der Leere erahnen
die im Aushalten der Unruhe
sich ereignet
damit die Gottesgeburt in mir
meinen Alltag auf das Wesentliche ausrichtet

Die Krippe
in meinem Wesen ertasten
einfach da sein dürfen
der Kraft des Augenblicks trauen
damit das göttliche Kind in mir
wachsen und reifen kann

* * *

Die zwölf heilenden Nächte
achtsam begehen
darin Schritt für Schritt
mein Leben erkennen

Die zwölf heilenden Nächte
als Ermutigung erleben

dem Rhythmus in meinem Leben
Sorge zu tragen

Die zwölf heiligen Nächte
in der Kraft des Schweigens
vergegenwärtigen
meiner inneren Herzensstimme trauen:
Du genügst! Es ist gut so!

* * *

Das alte Jahr noch einmal durchschreiten
damit echtes Loslassen möglich wird
bis in die Zehenspitzen genießen
was gelungen ist

Mich bewusst noch einmal einlassen
auf Schreckensmomente
dunkle Stunden der Verzweiflung
ungeheilte Wunden

Das Lustvolle und das Schwierige
dieses Jahres vertrauensvoll loslassen
beides Gott überlassen
damit die Kraft des Neuanfangs spürbar wird

* * *

Zu mir stehen
zu diesem Jahr stehen
zu seiner hoffnungsstiftenden Lebenskraft

Geradestehen
für dieses Jahr
auch für all das Bruchstückhafte und Begrenzte

Weiterhin einstehen
für das Wunderbare dieses Jahres
das Kreise ziehen möchte

Aufstehen
dem Neuen Jahr entgegengehen
aufgerichtetsein durch Gottes Segen

* * *

Der Kraft des Neuanfangs trauen
unbelastet dem Neuen entgegengehen
weil ich nicht vor mir selber weglaufen muss
sondern sein darf mit meiner Geschichte

Die Kraft des Neuanfangs auskosten
schweigend unterwegs sein
ausgelassene Lebensfreude wecken
die danach mit Leib und Seele gefeiert wird

Der Kraft des Neuanfangs Gewicht geben
belastende Erfahrungen in Beziehungen
nicht mehr länger nachtragen
sondern jedem Menschen Verwandlung zugestehen

* * *

Hoffnungsvolle Schritte
wünsche ich dir
in diesem Neuen Jahr
getragen von der Achtsamkeit
die Gottes Segen erfahren lässt

Vertrauensvolle Begegnungen
wünsche ich dir
heilende Momente des Aufatmens
die Gottes Segen spüren lassen

Glückliche Stunden
wünsche ich dir
die auch dem Unglücklichsein
in deinem Leben Platz lassen
damit du echter Mensch wirst
durch Gottes Segen in all deinen Beziehungen

Neujahrswoche:
Unsere Sehnsucht weitertragen

Folge dem Stern
traue deiner Intuition
die dich entschiedener werden lässt

Folge dem Stern
der dich zusammenführt mit andern
die die Menschenfreundlichkeit Gottes
in allen Dimensionen des Lebens suchen

Folge dem Stern
der deine dunklen Seiten erhellt
im wohlwollenden Blick der Verwandlung

Folge dem Stern
der Menschen verschiedener Kulturen
zur Begegnung beim Essen und Trinken führt

Folge dem Stern
der deinen Hunger und Durst nach Gerechtigkeit
weiterträgt in dein soziales Engagement

Folge dem Stern
der dich an deine königliche Würde erinnert

sie entlastet dich davon
dir und anderen etwas beweisen zu müssen:
du darfst sein wie du bist

Zwischen Krippe und Kreuz

Vor über zwanzig Jahren habe ich das Weihnachtsoratorium von Johann Sebastian Bach entdeckt. Seither höre ich mir dieses Werk in einem Konzert jedes Jahr an – am liebsten im Berner Münster und mit dem Berner Bachchor. Ich meditiere es zu Hause beim bewussten Dasein und Zuhören. Von Anfang an hat mich zutiefst berührt, wie da die Verbindung zwischen der Krippe und dem Kreuz auf eindrückliche Art und Weise, fast hautnah, spürbar wird. Denn die Melodie des bekannten Liedes „O Haupt voll Blut und Wunden" aus der Matthäuspassion von Bach findet sich in Variationen auch im Weihnachtsoratorium. Dieser unglaublichen Spannung begegnen wir auch in den Kindheitsgeschichten Jesu im Matthäusevangelium, die wir nicht als historische Berichte verstehen sollen, sondern als grundlegende Deutung der Geburt Jesu und seiner Bedeutung für unser Leben im Hier und Jetzt. Der Besuch der Weisen in Matthäus 2, 1–18 lässt uns nicht nur die universelle Dimension dieser Geburt erfahren, die uns das Gute in jedem Menschen erkennen lässt. Durch die Gestalt des Herodes begegnen wir auch dem Widerwärtigen, dem Bösen, das Menschen zu Ungerechtigkeit und Gewalt führt.

Weihnachtlich leben bedeutet jedes Jahr, jeden Monat, jede Woche, jeden Tag, jede Stunde, jede Minute, jede Sekunde unseres Lebens zu verinnerlichen, dass Freud und Leid im Leben so nahe beieinander sind, dass es keine Liebe ohne Leiden gibt. Der Stern von Bethlehem erhellt alle Unrechts- und Ausgrenzungsstrukturen und ruft uns auf, alles zu unternehmen, um das Leiden zu verhindern. Derselbe Stern führt uns in die Tiefe unseres Menschseins, das in Jesus so *sympathisch* (griech.: *mit-leidend*) sichtbar geworden ist und uns hilft anzunehmen, dass Leiden zum Leben gehört. Darum sahen die Kirchenväter – bedeutende Theologen der ersten christlichen Jahrhunderte – die drei Geschenke der Weisen als Sinnbild des Königtums (Gold), der Göttlichkeit (Weihrauch) und der Passion (Myrrhe) Christi.

Wenn wir jeden Tag neu die königliche und göttliche Würde in jedem Menschen sehen und dabei auch bereit sind, Widerstand zu leisten gegen die Ausbeutung des Menschen, dann tragen wir die Sehnsucht von Bethlehem weiter, hinein in alle Dimensionen unseres Menschseins.

Auf diesem Weg der Wachsamkeit ist das Eingebundensein in den ganzen Kosmos ganz entscheidend – wie es auch in den drei Magiern zum Ausdruck kommt. Darum spricht der amerikanische Theologe Matthew Fox zurecht vom *Kosmischen Christus*, der uns beim Aufbruch ins dritte Jahrtausend zu einem Paradigmenwechsel ruft:

„Die Bedeutung und Kraft des Kosmischen Christus kann man nicht ohne eine lebendige Kosmologie, eine lebendige Mystik und die spirituelle Disziplin der Meditations-

kunst erforschen . . . Eine Theologie des Kosmischen Christus muss auf dem historischen Jesus aufbauen, auf seine Worte, auf seine befreienden Taten (die Befreiungstheologie), auf sein Leben. An die Lehre vom Kosmischen Christus wird nicht auf Kosten des historischen Jesus geglaubt oder danach gelebt. Es geht vielmehr um ein dialektisches Verhältnis, einen Tanz zwischen Zeit (Jesus) und Raum (Christus), zwischen Persönlichem und Kosmischem, zwischen Prophetischem und Mystischem. Dieser Tanz führt fort vom Anthropozentrismus." (11)

Diese Gedanken sind mir Inspiration, meine und unsere Sehnsucht weiterzutragen, indem wir Christus jeden Tag in allen Dingen suchen, ertasten, feiern. Darum spreche ich innerlich beim Meditieren das Wort „Christus": beim Einatmen „Chris-„ und beim Ausatmen „-tus". Es ist Ausdruck meiner tiefen Sehnsucht, das Göttliche in allem zu entdecken, in mir, in den anderen Menschen, in der Schöpfung und auch im ganzen Kosmos. Christus ist für mich nicht mehr an ein Bild gebunden, obwohl ich täglich in die Lebensschule gehe beim historischen Jesus, seinen Worten und Taten.

Christus ein- und ausatmen: das übersteigt alle Dimensionen und lässt mich das Göttliche in allem immer neu suchen, verlieren, erkennen, verlieren, ertasten, verlieren, finden . . .

Sehnsuchts-Räume

 Unter dem Sternenhimmel

Die Kraft der zwölf heilenden Nächte, die in der besonderen Zeit zwischen dem 25. Dezember bis zum 6. Januar unsere Sehnsucht erfüllen möchte, gilt es weiterhin zu pflegen. Jeden Abend einen Moment unter dem Sternenhimmel stehen: Erde und Himmel zu verbinden!

Mit beiden Füßen lasse ich mich mit jedem Ausatmen noch mehr auf Mutter Erde ein, spüre, wie ich getragen bin und kann so noch mehr himmelwärts schauen: Staunend erahne ich die kosmische Dimension des Glaubens.

Ich strecke beide Arme himmelwärts aus und atme dabei die tiefe Verbundenheit mit allem ein und aus. Diese Verbundenheit lässt mich dankbar werden dem Leben gegenüber, dem Schöpfer gegenüber. Ich trage diese Sehnsucht mit anderen weiter in ökologischer Achtsamkeit.

 Die Flucht nach Ägypten in der aktuellen Asylpraxis erkennen

Weil Herodes sich bedroht fühlt, wegen seines Machtwahns müssen Maria und Jospeh mit Jesus nach Ägypten flüchten (Matthäus 2,13–18). Hier begegnen wir schon in der Kindheitsgeschichte Jesu einem existentiellen Lebensthema: Es geht dabei um Beheimatung, Verwurzelung und die Bedrohung der Heimat, um Flucht und um das Angewiesensein auf Asyl. Diese Themen sind hochaktuell – ich nenne ein Beispiel unter so vielen:

Am 7. Januar 2000 zog eine Gemeinschaft von Kindern und Erwachsenen im Schweizer Bergkanton Uri ins Riedertal. Grund dieser Wallfahrt zu einer Kapelle war eine Abschiedsfeier mit einer Flüchtlingsfamilie, die ein paar Tage später unser Land verlassen musste. Die Geschichte der Familie Alic ist eine besondere, denn sie begann 1992, als Seviba Alic mit ihren drei Kindern Leila, Ela und Edin über die Schweizer Grenze unser Land betrat. Hals über Kopf musste sie aus ihrer Heimat Bosnien fliehen, ohne ihren Ehemann, der gewaltsam in die Armee eingezogen wurde, wie viele seiner Landsmänner. Drei Jahre später betrat dann auch ihr Ehemann unser Land. Was Seviba Alic nie für möglich oder nur in stillen Träumen zu hoffen gewagt hatte, trat ein. Während der Belagerung von Srebrenica durch die serbische Armee desertierte Medo Alic. – Viele Sommer lang lebten sie hier, und die Kinder sprechen einen Schächentaler Urner Dialekt . . . Nach einer langen, qualvollen Zeit des Wartens kam dann 1998 der Bescheid, dass die Familie das Land wieder verlassen müsste. Trotz Einspruchs von befreundeten Familien wurde an dieser Entscheidung festgehalten.

So sitzen am 7. Januar Kinder und Erwachsene in der kleinen Kapelle, um mit der Abschiedsfeier der gewachsenen Freundschaft Ausdruck zu verleihen. Mirjam Arnold und Maria Gisler hatten diese Feier vorbereitet. Ihr Thema war „Sternenhimmel" – mit der Begründung, dass sich das Firmament um den ganzen Erdball ausdehnt. Wo immer wir auch stehen mögen, aufblickend zu diesen funkelnden Lichtern werden sie uns miteinander verbinden. Damit sich die Familie Alic an diesen Abend immer erinnern kann, hatte jede und jeder der zahlreichen Freundinnen und Freunde einen Stern gebastelt, die Mirjam Arnold dann auf ein großes blaues Tuch aufnähte. So ist ein vielfältiges „Firmament" auf Stoff entstanden. (12) – Und so tragen Menschen ihre Sehnsucht miteinander weiter.

 Der Stern leuchtet in all unsere Lebensvollzüge hinein

Das größte Weihnachtsgeschenk liegt für mich in der ganzheitlichen Erkenntnis, die unselige Trennung zwischen Leib und Seele, Spiritualität und Sexualität, Materie und Schöpfung zu überwinden. Menschwerdung geschieht in all unseren Lebensvollzügen. Der Stern von Bethlehem leuchtet in alle Dimensionen unserer Existenz hinein. Das ganze Jahr hindurch weihnachtlich leben, heißt Gott nirgends auszuschließen aus unserem persönlichen, sozialen, wirtschaftlichen und politischen Unterwegssein.

Der Stern von Bethlehem leuchtet in die lust- und verantwortungsvolle Gestaltung unserer Sexualität hinein.

Der Stern von Bethlehem erhellt unser Bewusstsein im Anlegen unseres Geldes. Denn „die Huldigung des göttlichen Kindes der drei Weisen" konkretisiert sich in der Frage der ethisch-ökologischen Geldanlage. Glaubwürdig das göttliche Kind in sich entdecken, zeigt sich im Überprüfen, was mit meinem Geld gemacht wird. Kompetente Informationen erhalte ich bei verschiedenen entwicklungspolitischen Organisationen.

Der Stern von Bethlehem leuchtet auf in all den Menschen, die sich bei Greenpeace, beim WWF und beim mitweltgerechten Einkaufen und Haushalten engagieren.

 Am Dreikönigstag einander an die königliche Würde erinnern

Weihnachtlich leben heißt, in uns auf vielfältig-kreative Weise die Erinnerung wachhalten, dass wir alle Königskinder sind. Im Entdecken und Entfalten unserer Gaben, die seit der Geburt in uns angelegt sind, ereignet sich das Geheimnis jener Nacht neu durch uns. Der Dreikönigstag will hineinleuchten in dieses Jahr, damit wir uns weniger versklaven lassen durch die privaten und beruflichen Sachzwänge und damit wir uns Räume des Aufatmens und Aufhorchens schaffen, die unsere Einzigartigkeit und Einmaligkeit stärken.

Unsere Sehnsucht tragen wir weiter, wenn wir eine kraftvolle Praxis dieser Advents- und Weihnachtstage weiterführen in unserem Alltag. Alltagsrituale, wie sie in diesem Buch in den vielen Anregungen der Sehnsuchts-Räume und meinem Buch „Alltagsrituale" entfaltet sind, können uns da wegweisend sein. Es ist die Ermutigung, achtsamer, langsamer durch den Tag zu gehen, um in Berührung zu kommen mit der königlichen Würde in mir.

In der folgenden Geschichte trägt ein Kind seine Sehnsucht weiter – indem es die Wichtigkeit des eigenen Ursprungs, der eigenen Wurzeln entdeckt. Auch wir können ein „Sonnentor" in unserem Leben entdecken: Vielleicht ist es ein Ort, der uns schon als Kind wichtig war und der uns wieder zum Kraftort werden kann. Rituale aus diesem Buch können zu Sonnentoren werden, wenn sie in unserem Leben eine Bedeutung entfalten.

Das Sonnentor

Wara war ganz aufgeregt: „Wann kommt denn nun endlich ein Minibus nach Tihuanaku?", fragte sie ihre Mutter. Die sah sie nur lächelnd an und strich ihr über die beiden Zöpfe. „Du kannst es wohl gar nicht erwarten, endlich das Sonnentor zu sehen, gell?" Wara nickte nur. So oft schon hatte sie in der Schule vom Sonnentor in Tihuanaku gehört, das ihre Vorfahren vor vielen hundert Jahren gebaut hatten. Diesmal sollte sie es endlich einmal mit eigenen Augen sehen.

Endlich kam ein Minibus mit der Aufschrift „Tihuanaku". Schnell stiegen sie ein.

Der Minibus brachte sie genau bis zu den Ruinen. Sie traten gemeinsam ins Museum ein. Gerade begann eine Führung. Man zeigte ihnen viele Gegenstände, die man bei Ausgrabungen in den Ruinen gefunden hatte. Wara wurde es bald langweilig. Und als die Führerin wieder auf eine kaputte Tasse zeigte und das schöne Muster lobte, meinte Wara leise zu ihrer Mutter: „Das Geschirr, das wir daheim haben, gefällt mir besser!" – Ihre Mutter warf Wara einen strafenden Blick zu, und so beschloss sie, doch besser nichts mehr zu sagen, bis die Führung zu Ende sei. Sie malte sich aus, wie es wäre, wenn sie zum ersten Mal durch das Sonnentor schreiten würde. Wie wohl die Aymarafrauen früher ausgesehen hatten? Ob sie auch alle zwei lange Zöpfe wie sie getragen hatten? Und den gleichen weiten Rock mit vielen Unterröcken darunter, damit es nicht so kalt ist?

Endlich war die Führung im Museum beendet und

sie gingen hinaus aufs Gelände. „Das ist das berühmte Sonnentor", meinte die Führerin und zeigte auf ein kleines Tor vor ihnen. Wara war ganz enttäuscht: Das soll das Sonnentor sein??? So klein und fast schon kaputt? Und da konnte man noch nicht mal hindurchgehen, es war ja mit Stacheldraht abgesperrt. Wara hatte es sich ganz anders vorgestellt.

„Schau es dir doch erst mal genau an", lud ihre Mutter sie ein, als sie ihre Enttäuschung bemerkte.

Sie gingen näher hin, und Wara sah, dass es viele kleine Figuren auf dem Tor zu sehen gab. In drei Reihen waren sie in den Stein gemeißelt. „Das sind die Boten und die Priester", erklärte die Führerin. „Diese Muster dienten dem Volk der Tihuanakoten als Kalender." Wara begann nun doch zu staunen.

„Aber warum heißt das Sonnentor denn Sonnentor?", wollte sie wissen: „Ich sehe gar keine Sonne darauf abgebildet."

Die Führerin drehte sich nach Wara um und erklärte ihr: „Das Sonnentor hat deshalb seinen Namen bekommen, weil die Figur in der Mitte von Strahlen umgeben ist. Es ist Viracocha, der Sonnengott. Und es fallen immer am Sommer- und am Winterbeginn die ersten Sonnenstrahlen des neuen Tages genau durch das Sonnentor. In diesen Nächten der Sonnwende kommen immer viele Menschen hierher. Sie singen und tanzen die ganze Nacht hindurch, manche beten auch und zünden Weihrauch an. Und alle warten darauf, den ersten Sonnenstrahl durch das Sonnentor hindurch zu sehen."

Wara schaute etwas ungläubig ihre Mutter an, aber diese nickte bekräftigend. „Unser Großvater, dein Urgroßvater, Wara, ging auch immer in diesen Nächten hierher. Er war ein Yatiri, ein Aymarapriester unserer eigenen Kultur. Und er hat hier Weihrauch angezündet und zu Pachamama, zu Mutter Erde gebetet, dass es uns allen gut gehen möge. Einmal hat er mich auch hierher mitgenommen. Und er hat mir gesagt, ich dürfe nie vergessen, dass wir alle aus einem großen Volk stammen, auch wenn später die Spanier gekommen sind und alles, was uns heilig gewesen war, zerstören wollten. Und auch wenn ich Christ sei, dürfe ich nie Pachamama vergessen, die uns allen das Leben schenkt und für uns sorgt, indem sie alles auf den Feldern wachsen lässt. Deshalb habe ich dich auch Wara genannt. Wara ist Aymara und bedeutet Stern." – „Warum redest du denn nie Aymara mit uns, Mutter? So können wir es ja gar nicht lernen!" „Ach, Wara, was nutzt dir denn Aymara. Du musst doch gut Spanisch können, damit du in der Schule etwas verstehst. Es ist besser, du lernst später Englisch, damit kannst du etwas anfangen. Das Aymara ist alt und vorbei." Wara schüttelte energisch den Kopf: „Ich will Aymara lernen, das ist die Sprache unserer Vorfahren, die Sprache meines Volkes! Ich will zu diesem großen Volk gehören, das hier das Sonnentor gebaut und immer schon hier gelebt hat! Vielleicht war meine Urururgroßmutter sogar einmal Königin oder Priesterin hier im Tempel. Mutter, du musst mir Aymara beibringen, unsere Sprache! Und einmal will ich auch hier sein und zu Pachamama beten, wenn die Sonne wieder durch das Tor fällt." Waras Mutter schaute sie nachdenklich an: „Vielleicht hast du ja recht und ich müsste dir und deinen Geschwistern mehr von unserer eigenen Kultur weitergeben. Wir denken immer nur an das Leben in der Stadt, dass es da keinen Platz mehr gibt für unsere Geschichte. Aber vielleicht verlieren wir damit unsere eigenen Wurzeln. Es kann ja nichts schaden, wenn du ein wenig Aymara verstehst."

Bettina Flick

Zum Innehalten

Unsere Sehnsucht weitertragen
in all unsere Begegnungen
die erzählen vom Geheimnis der Menschwerdung

Unsere Sehnsucht weitertragen
in all unsere Aktivitäten
die die Menschenfreundlichkeit Gottes aufscheinen lassen

Unsere Sehnsucht weitertragen
Und Raum schaffen
für die königliche Würde eines jeden Menschen
Unsere Sehnsucht weitertragen
im Pflegen eines schöpfungszentrierten Rhythmus
um Erde und Himmel miteinander zu verbinden

* * *

Verlier den Stern nicht aus den Augen
auch wenn alles um dich herum dunkel erscheint

Verlier den Stern nicht aus den Augen
auch wenn scheinbar niemand zu dir hält

Verlier den Stern nicht aus den Augen
auch wenn du nicht weißt
wie das Brot morgen auf den Tisch kommt

Verlier den Stern nicht aus den Augen
auch wenn es scheint
dass du an Strukturen die dich nicht leben lassen
nichts ändern kannst

Verlier den Stern nicht aus den Augen –
er führt dich zum Leben

Bettina Flick, La Paz/Bolivien

* * *

Unter dem Sternenhimmel stehen
mit beiden Füssen auf dem Boden
himmelwärts meine Arme ausstrecken

Einatmend
die kosmische Dimension
der Gottesgeburt erahnen

Ausatmend
die tiefe Verbundenheit
mit allem feiern

Unter dem Sternenhimmel stehen
Menschen aller Kontinente
innerlich begegnen
mit denen uns das Firmament verbindet

* * *

Genug Erde: der Himmel landet,
und genug Himmel: ein Stern geht auf.
Achtsam siehst du,
wie er sich bewegt.
Tanz mit ihm –
und du wiegst ein Kind.
Geh durch das Schwert des Herodes,
und es wiegt dich ein Kind.
Hab' keine Angst,
auch wenn du der König bist:
Nimm den Stern,
er brennt so sehr,
dass all dein Schmerz still wird;
er leuchtet so tief,
dass du hinfällst.
Was für ein Fund!
Und keiner muss flüchten –
nicht einmal du.
Du brauchst keinen Thron mehr,
wenn du die Füße des Kindes küsst.

Esther Ganhör

* * *

Christus
ein- und ausatmen
die göttliche Quelle
die fließt in allem
das göttliche Feuer
das brennt in allem

der göttliche Grund
in allem
der unsere Sehnsucht weiterträgt
ein- und ausatmend
Christus erfahren

* * *

Josephs Psalm

Ich hab
meinen Gürtel geschnallt
die Karte studiert
und mir den besten Weg
ausgedacht –:

Hier bin ich
Gott
doch
führe Du mich nun
in dieser dunklen Zeit!

ich weiß nicht
was das soll:
Hab nun ein Kind
mit Maria
und nun soll ich weg!

Weg aus Nazareth
weg von meinen Brettern
und Sägen – !

Weg in diese
unwirtliche Wüste
wo zu wenig Wasser ist
um unser aller Durst
zu stillen – ?

Und doch:
Ich will mich
jetzt aufmachen
will jetzt Maria
wecken
und ihr sagen,
dass ich sie
lieb hab

Ernst Schlatter[13]

* * *

Gesegnet seist du
in deinen Schritten der Achtsamkeit
die dich immer mehr du selber werden lassen

Gesegnet seist du
in deiner Aufmerksamkeit
aus deiner Mitte heraus
mitzugestalten an einer zärtlicheren Welt

Gesegnet seist du
im Verbinden von Erde und Himmel
in dem du in dir selber
das Helle und Dunkle verbindest

Gesegnet seist du
im Weitertragen der Sehnsucht
die dich jeden Tag
den Geschenkcharakter des Lebens erfahren lässt

Gesegnet seist du
in diesem Neuen Jahr
im Sorgetragen zu deinem Leben
um vermehrt auch für andere aufstehen zu können
darin erfährst du Gottes Wegbegleitung
jeden Augenblick deines Daseins

Anmerkungen

1 Zit. nach Jörg Zink, Dornen können Rosen tragen. Mystik – Die Zukunft des Christentums, Kreuz-Verlag, Stuttgart 1997, 205. Siehe auch Kurt Ruh, Geschichte der abendländischen Mystik, Band IV. Die niederländische Mystik des 14. bis 16. Jahrhunderts, C. H. Beck, München 1999, 29–83.
2 Pierre Stutz, Licht in dunkelster Nacht. Vier Briefe an bekannte Mystiker, Münsterschwarzacher Kleinschriften 126, Vier-Türme-Verlag, Münsterschwarzach 2000, 93.
3 Marianne Fredrikson, Simon, Fischer Taschenbuch Verlag, Frankfurt a. M. 2000, 278.
4 Edith Stein, Endliches und ewiges Sein, Band II, Herder, Freiburg i. Br. 1986, 22.
5 Thich Nhat Hanh, Lebendiger Buddha, lebendiger Christus. Verbindende Elemente der christlichen und buddhistischen Lehren, Goldmann, München 1995, 73.
6 Meister Eckhart. Die Gottesgeburt im Seelengrund. Vom Adel der menschlichen Seele, hrsg. von Gerhard Wehr, in: Kleine Bibliothek spiritueller Weisheit, Herder, Freiburg i. Br. 1999, 121.

7 C. G. Jung, Die Beziehung zwischen dem Ich und dem Unbewussten, Deutscher Taschenbuch Verlag 35120, München 1990, 122.
8 ebd., 123.
9 Mechthild von Magdeburg, „Ich tanze, wenn du mich führst". Ein Höhepunkt deutscher Mystik, ausgewählt von Margot Schmidt, in: Texte zum Nachdenken" Herderbücherei 1549, Freiburg i. Br. 1988, 73.
10 Rainer Maria Rilke, Briefe an einen jungen Dichter, Insel, Frankfurt a. M. 40. Auflage 1992, 30.
11 Matthew Fox, Vision vom Kosmischen Christus. Aufbruch ins dritte Jahrtausend, Kreuz-Verlag, Stuttgart 1991, 121.
12 Nach einem Zeitungsartikel von Iris Meili, in: Urner Wochenblatt Altdorf 5. Februar 2000.
13 Ernst Schlatter, Wort-Funde. Lyrische Texte, Nimrod-Literaturverlag, Zürich 2000, 68–69, © Ernst Schlatter.

Pierre Stutz bei Herder

Pierre Stutz
50 Rituale für die Seele
Band 7004
Gelassenwerden, wenn der Druck zunimmt; die eigenen Ressourcen entdecken und zu neuer Lebendigkeit aufbrechen – dazu lädt Pierre Stutz ein.

Pierre Stutz
Ein Stück Himmel im Alltag
Sieben Schritte zu mehr Lebendigkeit
Band 5036
Mit konkreten spirituellen Übungen zeigt der bekannte Autor, wie wir die Quellen der eigenen Lebendigkeit wieder entdecken können.

Pierre Stutz
Meditationen zum Gelassenwerden
Band 4975
Pierre Stutz zeigt, wie aus dem meditativen Innehalten innere Ruhe im Alltag wird. Konkrete Übungen und Rituale.

HERDER spektrum